ストーリーで学ぶ
CFO
講座

社内
アントレプレナー
香山潤三の
反撃

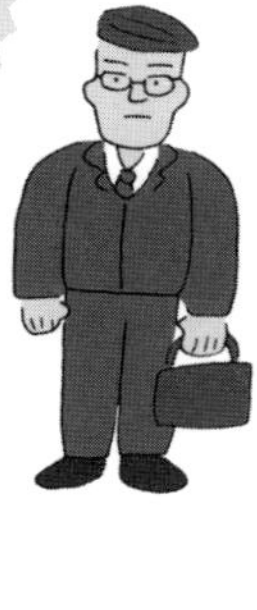

香川大学大学院
地域マネジメント研究科教授
三好秀和 著

はじめに

2020年4月、香川大学の社会人向け大学院である地域マネジメント研究科に奉職することになった。同年1月に中国武漢閉鎖、ここから新型コロナウイルスが蔓延し、世界中をパンデミックに巻き込むことになる。授業は遠隔となり、人と人を隔離する政策が数年間に及ぶ日常が訪れることになった。

私の心の中には祖先の地である高松で何に貢献できるか、という課題を抱えていた。43歳から大学教員として研究、教育に打ち込んできた。特に、社会経験が少ない学生に金融を教える難しさは身に染みて体験していた。「貯蓄から投資へ」や「自己責任とともに金融リテラシーの普及」が永らく叫ばれているのは金融教育の難しさの証左であろう。すでに50歳代後半となった私に何ができるか。考え抜いた末、やはり自己の専門分野である金融分野を担う人材を養成することで貢献しようと考えた。思えば香川大学はかつて旧制高松高等商業学校として四国地方の俊才を集め、多くの経営者を輩出した名門校である。香川県出身の大平正芳氏はここから東京商科大学に進学し、大蔵官僚を経て総理大臣となる。

金融人材養成構想には、このほかに2つのきっかけがある。一つは、キャリアセンター委員就任時に金融部門就職者数が減少していることを知ったことである。香川大学でも他大学同様に公務員志向が強く、かつて希望職種の雄であった金融部門志望者は減少傾向になった。しかし、金融は変革の時代に突入している。特に地方は地域創生とともに、その変革が迫られている。新しい地域金融モデルをどこが最初に創り出すのか。変革の時代だからこそ人財が求められている。もう一つは、丸亀市に属する諸島のひとつ、讃岐広島での合宿時、ある社会人学生から「所属する企業の退職年金制度である確定拠出年金の運用を上手くしたいので投資の勉強をしたい」と要望があったことである。社会人でなくとも、2022年成人年齢が18歳に引き下げられたことにより、大学新入生が法的にも成人としての自己責任に直面している。金融教育は緊急を要する。

以上から香川県、少なくとも香川大学において金融人材を養成することとした。教員ひとりやり遂げることには限界がある。そこで金融分野を専門としている他学部の教員に声掛けした。経済学部藤原敦志先生と法学部溝渕彰先生である。3名の教員で日本証券アナリスト協会の寄付講座（本書はこのテキストとして執筆した）を後期設定し、前期には金融人材養成セミナーを開催した。山神眞一キャリア支援センター長・副学長にはセミナーの後援をいただいている。２０２２年5月には中島淳一金融庁長官に講演していただき、多くの学生が金融に興味をもつに至った。学部、大学院横断のサークル、金融証券研究会には3名の教員だけでなく、城下悦夫副学長（産官学連携担当）に特別顧問としてご指導いただいている。さらに、全学共通科目であるライフデザイン科目として「ライフプランニングから見た金融」を開催している。所属する大学院の教授会で金融人材養成構想を報告する機会を得て、全学への展開を支援していただいたのは原真志研究科長である。そして、今井田克己理事・副学長（教育担当）からのアドバイスがなければこのような全学的な構想には発展しなかったと思う。

ところで、本書の構成を対話式としたのは大学院のペーパーテストがきっかけである。当時、テレビドラマで半沢直樹シリーズ（池井戸潤著）が話題となっていたこともあり、問題と問題との間をドラマ仕立てのケースを活用することにした。ファイナンスの授業では理論や用語の学習が多く、日常生活とのギャップが大きく、初学者の学習を困難にしていた。そこで、ファイナンスの理論や用語を会社の中でどのようなシーンで活用するかが明示されるような問題にした。授業後の感想には「理論と用語がどんな場面で使われるか、そのつながりがこのテストで理解できました」との趣旨が散見された。学習内容に合ったシーンをまず想起させ、その中で理論や用語がどのように利用されるかを説明したほうがわかりやすいのだ。

これは他の講義で確証に変わる。前述の全学共通科目であるライフデザイン科目「ライフプランニングから見た金融」（２０２２年）は、前年「金融は役に立っているか　銀行・証券・信託」(２０２１年)の後継科目として開講した。「金融は役に立っているか　銀行・証券・信託」では、まず、銀行業の説明をしてそれがどのように日常生活に活用されているか講義したが、学生の反応はよくなかった。しかし、学生がライフプランを作成していくなかで、たとえば、マイホームの夢を実現する方法として銀行が提供する住宅ローンの必要性を説明した「ライフプランニングから見た金融」の講義のほうが、学生にとってより納得感があるのだ。さらに、その際、具体的な金利の数値（期間30年、２％と６％）を置いて複利効果を具体化すれば、なぜインフレ抑制政策のため米国中央銀行が急激な金利上昇をさせているのか、その効果として新規住宅着工件数が実際に減少しこれがインフレ対策に効果的なのか、経済政策のダイナミズムを理解することができる。

そこで、本書では問題提起には対話シーンを取り入れ【ストーリー】とし、その解決策を読者自ら考えをまとめ、主人公の【解決策】で確認する、そして、【論点解説】で知識を一般化する形式を採用した。多くの学生は上場企業に就職する、ただ、経営幹部となっていくなかで、ファイナンスと無縁ではいられなくなる。経営者に出世していくにつれ、数値から現状を知る感性と、現状を将来のために変革する胆力が必要となる。経営企画部という経営者の参謀として難局に対峙する姿を描くこととした。

数値から現状を知る大切さは簡単に説得することができる。大手のチェーン展開の現実を確認すれば明白だ。マクドナルドは2022年11月末で2956店舗、すかいらーくHDは同年9月末現在で3069店舗である。身近なセブン-イレブンは同年11月末、日本国内で2万1208店舗である。この店舗数を管理し次の経営判断をすることが経営者には必要とされるのだ。その基本データが財務データであり経済データである。

コロナ禍、ウクライナ侵攻、金利、為替など、これらの事象から自己のビジネスがどのように影響を受けるか冷静に判断し決断できるようになるために、CFO（最高財務責任者）でなくてもファイナンスの知識は重要である。また、CEO（最高経営責任者）やCFOになるなら、資本市場（株主・投資家）との対話が不可欠だ。日本の将来を担うビジネスパーソンには経営感覚を、学生には学費を支えてくれる両親の社会人としての会社での軌跡、苦労、楽しさを追体験し、自身の未来を描くことを期待したい。そして、執筆を終え、金融は企業あるいは生活者を支える有効な仕組みであることをあらためて自覚した昨今である。

三好　秀和

2023年1月4日　幸町研究室にて

本書の読み方について

本書は、会社の司令塔であり経営者のサポート役、すなわち「経営企画」の仕事を通じて主人公の香山潤三が人間的に成長していく姿を物語仕立てで解説しています。色恋ごとはなく、ビジネス向けとして書きました。学問的にはコーポレートファイナンスに該当します。

皆さんも会社をダイナミックに変貌させていく主人公、香山潤三になったつもりで課題を解決していってください。ＣＦＯ（Chief Financial Officer：最高財務責任者）の必須知識が身につきます。

本書はプロローグ、エピローグを除いて、各章とも基本的に**【ストーリー】【解決策】【論点解説】**の３つで構成されています。

【ストーリー】では、香山潤三にかかわる会社での出来事が上司、部下、同僚や友人、恩師とのやり取りを通じて会話形式で書かれています。そして、それぞれの章で経営企画としての課題や問題の発端が描かれています。この問題や課題に対し、あなたであったらどう解決するか考えてみてください。

次に香山潤三の考える【解決策】が書かれています。あなたの回答と比較してください。なお、本文中の用語などに困ったら【論点解説】を先に読み、用語の定義や使い方などを確認してください。それでもご自身の解決策が見つからないとき、【解決策】を読んでいただきたいと思います。そうすることであなたが経営企画、つまり経営者をサポートする会社の中枢を担う人材として成長することになるのです。

【論点解説】は、それだけで読み物になっています。【ストーリー】のための解説ではなく、広く一般的な視点で解説しています。ここだけを読み進めても参考になると思います。

また、読み進めていくうえで登場人物の関係が不明になったら、14ページの登場人物相関図を参考にしてください。

本書の最後に、付録としてファイナンスの基礎知識を「懐かしい教授の講義録」と題して掲載しています（付録は横書きで、巻末から始まります）。ファイナンスの土台となる知識を学びたい人はぜひ覗いてみてください。また、「コーポレート・ガバナンス・コード」と「日本版スチュワードシップ・コード」も掲載しました。理由は、企業経営企画・財務担当者にとって、株価を動かすメジャープレーヤーである機関投資家の行動原則であるスチュワードシップ・コードを確認することは有意義であると思っているからです。

本書をあなたの会社の企業価値向上に役立てていただければ幸甚です。

もくじ

登場人物相関図

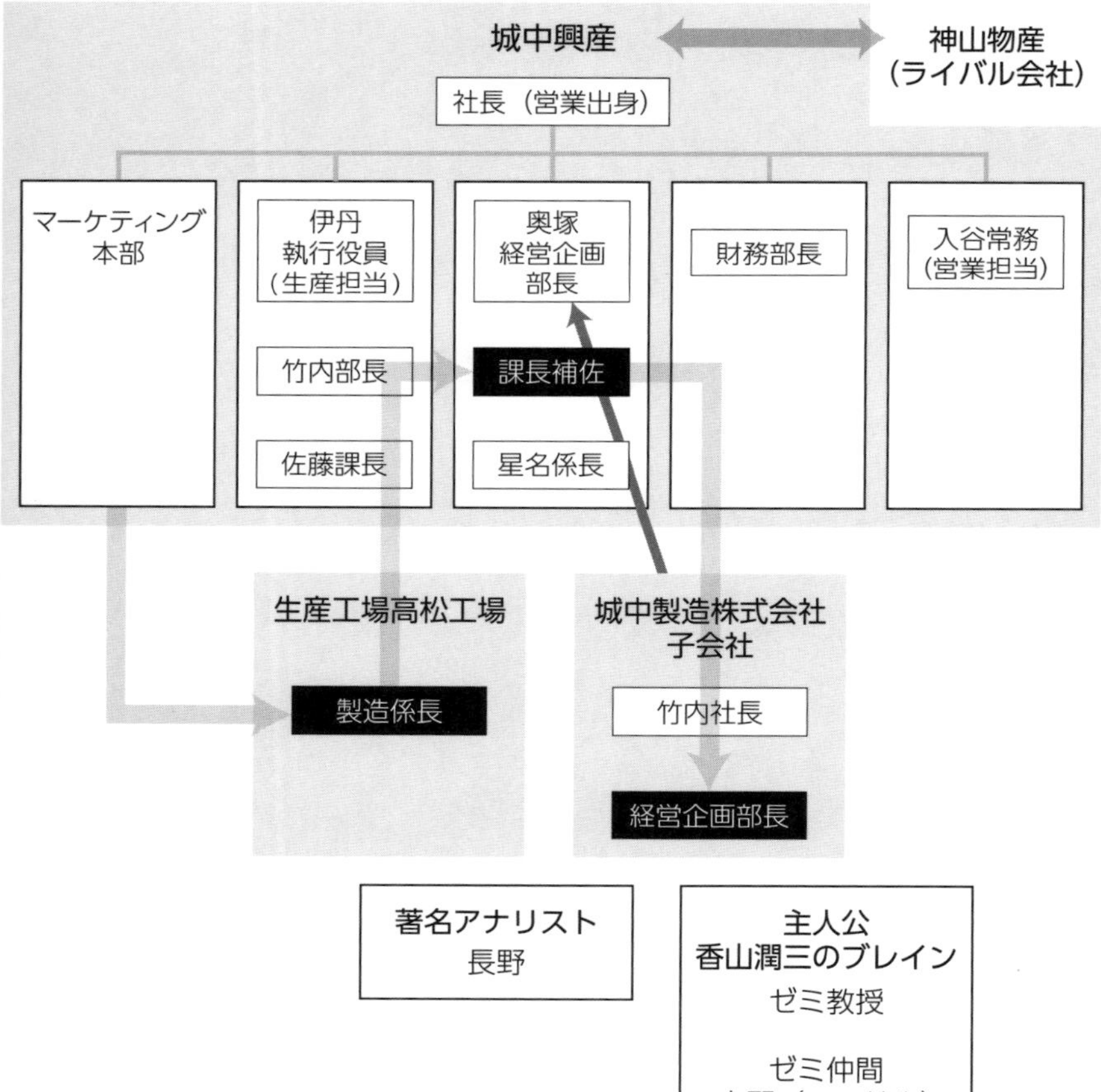
城中興産
神山物産
(ライバル会社)
社長（営業出身）
マーケティング
本部
伊丹
執行役員
(生産担当)
竹内部長
佐藤課長
奥塚
経営企画
部長
課長補佐
星名係長
財務部長
入谷常務
(営業担当)
生産工場高松工場
製造係長
城中製造株式会社
子会社
竹内社長
経営企画部長
著名アナリスト
長野
主人公
香山潤三のブレイン
ゼミ教授
ゼミ仲間
中野（コンサル）

（白ヌキが香山潤三）

プロローグ
都落ちは悲しいが、やるべきことはある

東京都内の有名私立大学を卒業し、一部上場会社（入社当時）の城中興産に就職した香山潤三。希望どおり本社勤務（マーケティング本部商品企画課）を命じられ、自他ともに出世コースに進んだと確信していた。しかし、入社して3年、主任昇格とともに香川県高松の生産工場勤務を命じられ、失意の中、赴任することになった。香山は高松行きを前に学生時代お世話になったゼミの教授に挨拶に行った。

教授「地方もいいもんだよ、のんびりしていて。嫌味じゃないよ。自分を見つめ直すいい機会じゃないか」

香山「でもさすがに落ち込みます」
教授「会社人生は長いよ。これからもいろいろあるさ。君は学生のとき金融証券研究会に入っていたね。アナリストの資格は合格したんだったかな。取ってないなら勉強すればいいよ。こういうときこそ自分を見つめること。そして爪を磨くことだ」
香山「そうですね。勉強もいいですね。反省すべきは反省します」
教授「大切なことは腐らないこと。停滞しないことだ。どんな状態になっても歩みを止めてはいけない。停滞すれば確実に同期に追い抜かれるからね。変化が激しい時代だから」

捲土重来。思い返せば本社勤務のときは肩に力が入りすぎていた。少しでも会社をよくしようとの思いで上司にも反発したし、いきがっていた。大学で学んだマーケティングの知識をひけらかすこともあった。冷静に考えれば、会社のことをまだよくわかっていない新入社員が一人いきがってみたところで高が知れている。でも、ここで腐ってはだめだ。教授のいうとおり、のんびり田舎で爪を研ごう。嫌なら会社辞めたっていいしな。とりあえずアナリストの資格は取っておこうと香山は思った。

住めば都で高松での暮らしにも慣れ、工場勤務の日々を満喫していた。仲間と昼休み、バレーボールをするのが楽しかった。しかし、休日は図書館に通い詰め、周りの受験生と同様、証券アナリスト資格の勉強に集中した。その結果、見事合格することができた。

（その後香山は製造係長に昇格し、2年が経過した。）

香山は変わった。一皮むけたといっていい。プライドを捨て、力を抜き、だれかれとも等しく対応する姿は工場のみんなの信頼を得た。自分の主張よりもむしろ周りの意見を知るために聞き役に徹することが多くなった。そんな仲間からの信頼が成果となって表れる機会が訪れた。社内提案制度で高松工場チームの「うどんっ子軍団、ねばりとこしでロスゼロ挑戦」が最優秀賞として表彰されたのだった。一人では何もできない。でもみんなが一丸となれば大抵のことはできる。香山はチームワークの大切さを学んだ。

辞令　香山潤三　本社経営企画部勤務を命ず。職位　課長補佐

第1章 どうして我が社の株価は低迷しているのか

【ストーリー】

城中興産の経営企画部は社内で一番のエリート集団といわれている。ある意味、社長の想いを実現するための司令塔である。部員はみなエリート意識が高い。係長の星名は、入社してから経営企画部一筋だ。

経営企画部は社長室の横にあり、突然社長が飛びこんでくることがよくあるが、今日は奥塚部長が社長室に呼び出された。

神山物産と当社（城中興産）の比較

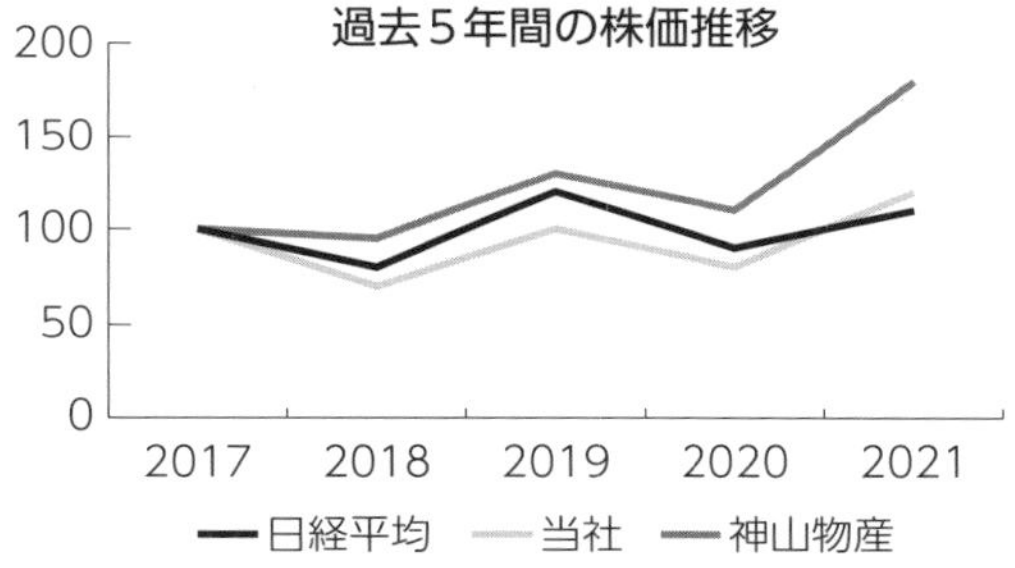

検討指標	当社	神山物産
ROA	5.20%	5.20%
ROE	6.93%	20.80%
EPS	13.00	13.00
PER	25	37

単位：億円

当社 2020.3.31	
1,000	400
	600

単位：億円

神山物産 2020.3.31	
1,000	800
	200

単位：億円

当社 2019.4.1～2020.3.31	
売上高	110.0
営業利益	56.0
経常利益	52.0
税引前利益	52.0
当期純利益	41.6
発行済株式数	320,000,000
株価	320

神山物産 2019.4.1～2020.3.31	
売上高	130.0
営業利益	60.0
経常利益	52.0
税引前利益	52.0
当期純利益	41.6
発行済株式数	320,000,000
株価	480

（社長室）

社長「うちの株価はどうなっているんだ。業績も悪くないはずだ。なんでライバルの神山物産のほうが我が城中興産よりＰＥＲ（【論点解説】参照）が高いんだ」

経営企画部長：奥塚「うちは今期も確実な利益を上げているのですが」

社長「言い訳を聞いてるんじゃない。原因を調べて報告してくれ」

奥塚「承知しました。週明けには報告させていただきます」

（経営企画部会議室）

奥塚「香山君、頼むよ。さっそくだが社長からの課題を引き受けてくれないか。君は証券アナリスト合格者だろ。ＩＲ（第６章【論点解説】参照）はうちと総務部の共担だから少しはわかっているつもりだが、株のことはよくわからないんだ。来週月曜日のミーティングで説明してくれないか。細かいことは係長の星名君に聞いてくれ」

課長補佐：香山「承知しました」

【解決策を求めて】

（香山の心の中）

おいおい難題だぞ。なんでうちが神山物産よりＰＥＲ（Price-earnings Ratio）が低いのかだって？　ＰＥＲは株価収益率ともいって、株価をＥＰＳ（Earnings Per Share）で割って求めるんだったな。意味は株価がＥＰＳの何倍になっているかだよな。ＥＰＳは一株当たり利益のことだし、神山物産もうちもＥＰＳはほとんど同じだ。ということは、神山物産のほうが投資家の人気が高いということになる。それでいいのかなぁ。そもそも株価は何で決まるんだ？　ここでいう利益ってどの利益だ？　本社に戻った挨拶がてら教授の研究室を訪問するかな。よし、帰って大学時代の講義録（**付録1参照**）を確認しておこう。

（大学研究室）

教授「香山君、本社カムバックおめでとう。アナリスト資格も合格したそうだね。今日は私に聞きたいことがあるとか」

香山「ありがとうございます。そうなんです。ＰＥＲについてお聞きしたいと思いまして。勉強したので計算はできるんですが、どうしたらＰＥＲを高くできるかがわかりません。うちの社長は、PERは高いほうがいいと思っているんです」
教授「PERが高いということは、現在の株価が割高という意味だよ。どうしてかわかるかい」
香山「はい。同業種、つまり同じビジネスモデルであるなら同じくらいの利益率になる。ところがEPSは同じくらいなのに株価だけが高いのはおかしい、という意味で割高と教授はおっしゃっているのですね」
教授「そうだ。株価が高いことには意味があるが、PERは高ければよいということにはならない。理由があって高いならいいんだが、理由がない、つまり現在の人気だけで高いのなら飽きられたときに株価が急落する。そのリスクがあるわけだ。一方で株価は高いほうがいい理由はわかるかな」
香山「一つは資産価値ですよね。持っている人は資産が多いほうがいいですしね。二つ目は、株価が高ければほかから買収されにくくなります。買収したい人がいたとしても買い占めるための資金が多く必要になりますから。あと一つは…」
教授「買収する側の立場を考えるといいね」
香山「そうでした。現金で買収する場合もあるけれど、株式交換する場合もありますよね。

その場合株価が高いと優位ですから。やっぱり高いほうがいいんじゃないですか」
教授「では、**株価は何で動く**んだったかな」
香山「短期的には需給ですが、長期的にはＥＰＳです」
教授「うむ、近いが少し違う。ＥＰＳの成長性だ」
香山「そうか。このところライバルの神山物産は元気がいいんですよ。利益が伸びている。うちが追いつかれちゃったんです」
教授「人気がある原因はＥＰＳの成長期待だよ。前年と同じ実績では株価は伸びない。成長が期待できるようなＩＲを行っているかどうかだ。投資家に関係するのはやはり当期純利益だね。配当の原資だから」
香山「そうですね。一方、経営能力はＲＯＡ（Return on Assets）だから、Ｒは経常利益ですね」
教授「そう、ＲＯＡとＲＯＥ（Return on Equity）ではＲは別々の利益だと理解しているかね。意味がわかれば簡単だ」
香山「先生、簡単ですがうちとライバル会社との比較をしてみました（19ページ参照）。アドバイスいただけますか」

教授「どれどれ」

香山「こうしてみると発行済株式数も当期純利益も同じなんですよね。違うのは株価だけ。だからPERが違うんです」

教授「B／Sを見てごらん。市場環境、つまりマーケットが伸びているときに神山物産は借金をして、つまりレバレッジをかけているよね」

香山「うちは堅実です。堅実な経営ではだめなんでしょうか」

教授「ケースによるよ。マーケットが伸びているときにはレバレッジをかけて多くの利益を手に入れたほうがよいし、アゲンストなら借金の利子が負担になる。そのかじ取りが難しい。売上が減少したからといって急に生産を縮小するのは難しいからね。しかし、そうしなければ在庫の山を築くことになる。逆に、売上が伸びていれば生産設備に投資したくなる」

香山「銀行は晴れているときに傘を貸そうとしますもんね」

教授「投資家は利益の成長性を重視する。利益が重要なんだ。売上ももちろん大切だが、利益あっての売上だ。利益幅が縮小しているのなら注意が必要だよ。利益幅が確保できるのに、つまり市場が拡大しているときにぼやぼやしている会社は人気がないということだ。でもその前に地固めをしたほうがいいね」

香山「それは何ですか」

教授「**資本コスト**（第4章【論点解説】参照）だよ。ハードルレートの設定で会社のガバナンスを保たないと、いずれ統制が効かなくなる」

香山「なるほど、わかりました。とりあえず来週のプレゼンできそうです。ありがとうございました」

【一応の解決策】

（社長室）

社長「ライバルの神山物産のほうがなぜ我が城中興産よりＰＥＲが高いのか、わかったかね」

奥塚「ＰＥＲはご存じのように株価を一株当たり利益で割った指標で、高ければ割高、低ければ割安ということになります。当社は神山物産より割安と投資家から評価されたことになります」

社長「そんなことはわかっとるよ。〝株価は美人投票〟だろう。ケインズも言っとるじゃないか。優勝しそうな候補者に投票するというのが株価に似ていると。うちは人気がないということか？　どうしてだ」

奥塚「香山君」

香山「はい、ＰＥＲが高いということは、化粧が落ちると急激に評価が下がるともいえます」

社長「どういうことだ」

香山「化粧とは人気、つまり利益の水準です。決算書を分析すると神山物産は負債を急激に膨らませています。今は業績が好調ですが、逆風が吹けば支払利息の重荷で急激に悪化することになります」

社長「うちは堅実経営だからな」

香山「つまり、利益の成長が投資家にアピールするわけです」

社長「どうしたらうちもアピールできるのかね」

香山「たとえば自社株買いです。市中に出回っている株式を安いからといって会社が買い付けるわけですから、確実に投資家にアピールできます」

社長「そんな余力がどこにあるんだね」

奥塚「香山君、お金を使わない方法はないのか」
香山「はい、ＩＲがあります。ＩＲで当社の成長性をアピールすることで投資家の信頼を得ることができると思います」
社長「ＩＲは君のところと総務の所管だよ。どうしたらアピールできるのか考えてくれ。近頃はアクティビスト（第3章参照）といううるさい輩もいるからな」
奥塚「香山君は証券アナリスト資格ホルダーです。対処できると思います」
社長「そうか、期待しているよ」

（経営企画部）
奥塚「香山君の言いたいことはよくわかった。ＩＲの方法やアクティビスト対策も課題となったな。少しハラハラしたよ。〝最終利益がライバルに負けそうなので利益を合わせました〟なんていう財務部長の話、社長には死んでも言えないからな」
香山「押し込みで調整したということですか」
奥塚「営業努力だよ。社長は営業畑出身だ。営業担当役員の入谷常務が頑張ったんだよ。どちらにしても社長には私から報告する。香山君は今度の社長の支店回りを星名係長と一緒に考えてくれ。彼にはもう話をしてあるから」
香山「承知しました」
奥塚「星名係長、ちょっといいかな」
星名「はい」
奥塚「例の支店回りの件だけど」
星名「うかがっています。香山課長補佐、よろしくお願いいたします」
香山「さん付けでいいよ。星名君はここの生え抜きだってねぇ。優秀なんだな。工場出身の私とは大違いだ。自分は営業の現場はあまり知らないから、こちらこそよろしくお願いするよ」
星名「わかりました」
香山「どんな考え方で社長をお連れするのかな」
星名「これまでどおり、売上が悪い支店と優秀な支店を適当に選んで回るだけですよ」
香山「そうか。褒めるのと発破をかけるのが社長の仕事というわけか。業績不振店の店長は大変だな」

（その日の夜、大学時代のゼミ仲間との飲み会で）
香山「そういえばお前、コンサルだったよな」
中野「そうだよ」
香山「今度うちの社長が支店回りするんだけど、これまでは売上が悪い支店と優秀な支店を適当に選んで回ってたみたいなんだ。おれは前任者との違いをアピールしたいんだけど、何かアイデアあるかな」
中野「そうだな。まずは現場第一だ。業績不振店だけでも下見をして店長と話しておくといいと思うよ」
香山「わかった。ありがとう」

業績不振店をヒアリングした結果、店長から次のような意見があがった。
①営業店の予算（ノルマ）のかけ方が平等ではない。
②店長の裁量が少ない。
③本部は店長の意見を取り上げない。
その根底には社長―入谷常務ラインがあり、入谷常務お気に入りの店長とそうでない店

長が存在しているようだ。予算の不公平の原因はそこにある。本部主導で販促経費を決めてしまうので、店長の独自性が打ち出せないのだ。以前の香山ならトップに直言したが、事は根深いようなので、ひとまず様子見することにした。

（経営企画部）

香山「例の支店回りの件だけど、業績不振店の店長に事前にヒアリングをかけてみたんだ」
星名「へぇ、そうなんですか」
香山「どうも予算の割当や店長の裁量に不満があるようだな」
星名「そりゃそうでしょう。業績不振の理由が欲しいでしょうから」
香山「君はドライだね。でも根っこは深そうだよ」
星名「入谷常務でしょ。虎の尻尾を踏まないほうがいいですよ」
香山「代々営業畑の社長だからなぁ、うちは」
星名「よくおわかりで。押し込みをやってるんじゃ会社がやばくなっていることは明白ですよね」
香山「そうなんだよ」

星名「最近は資本コストで社内レートを決めてる会社もあるみたいですよね」
香山「資本コストか…」
　香山は教授との面談の折、資本コストの話題がでかけたことを思い出した。
星名「でもうちじゃ無理ですよ」
香山「なんで」
星名「当然ですよ。発言権の強い営業の反対は必至ですよ。販促やリベートなどの裁量は営業本部のものですから、それが費用対効果で測られると権限縮小になりかねない。絶対潰されますよ」
香山「社長がやると言わない限り、ボトムアップじゃ無理そうだな」
星名「黒船でも来れば別ですけどね」
香山「黒船ねぇ」

【論点解説】

●株価の変動要因は何か

本文中で教授が解説しているように、株価はＥＰＳ（一株当たり利益）の成長期待で動くということは統計的にも正しいといえそうです。左図は、20年間の株価と利益の伸びを表したグラフです。大まかには連動していることがわかります。ＥＰＳの変化率と株価の変動率に相関関係が認められるからです。しかし、その理論がいつも正しいとは限りません。このことも歴史は証明しています。

たとえば、２００２年から２００３年の企業業績は前年度を超える好業績にもかかわらず株価は下がっています。株式市場への信頼をなくす事件が起きたことがその原因の一つといわれています。２００２年７月のワールドコムの破綻、２００３年４月のソニーショック、また政治的にもイラク戦争開戦の噂が市場懸念材料となった時期です。

株価は生き物です。さまざまな要因が関係します。しかし、その基本線にはＥＰＳの成長があります。このことを頭に入れて、経営者は投資家に対しどう成長していくのか、その道筋を訴えかけなければなりません。それがＩＲ（インベスター・リレーションズ）です。

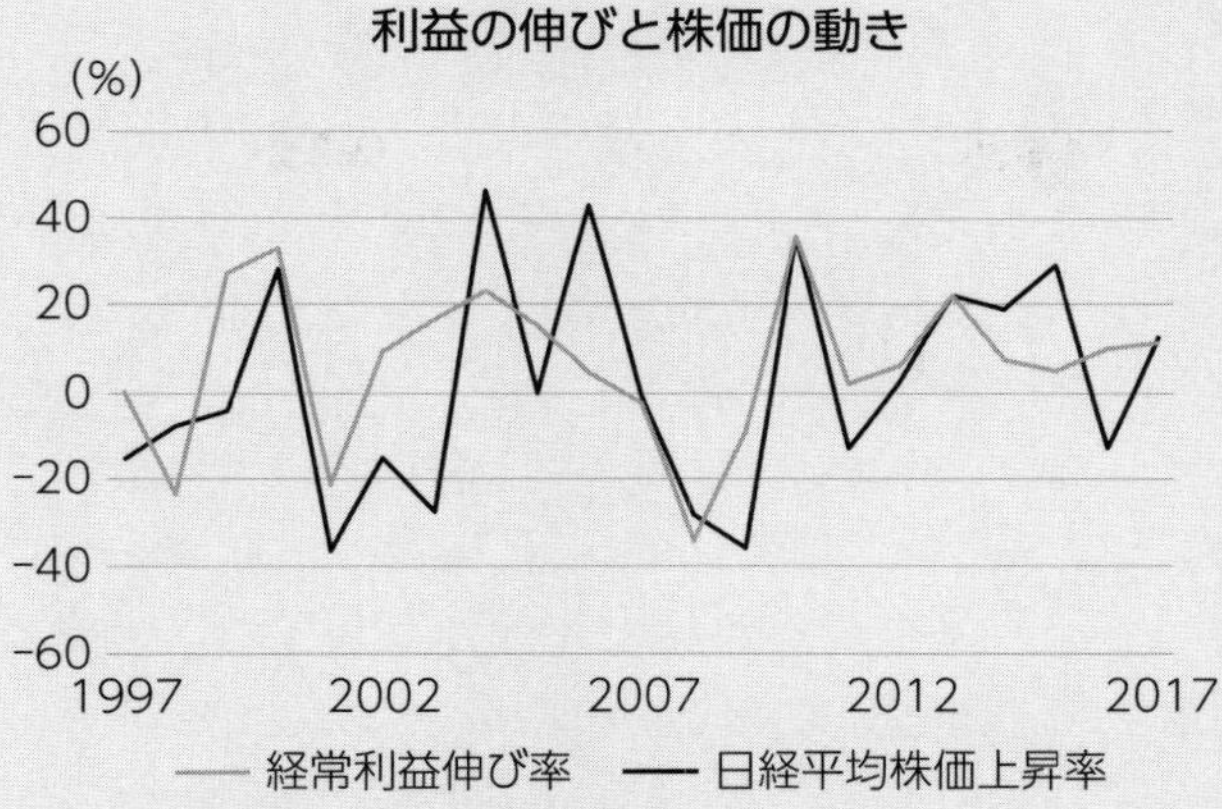

出所：『資産運用・管理の基礎知識』日本証券アナリスト協会、三好秀和執筆

ＩＲの説明会では決算は財務担当役員の説明でもよいですが、どう反省し今後どう進んでいくのか、それはＥＰＳの成長にどう役立つのか。そのスピード、信頼性についてはトップ自らが語らなければ投資家から見放されることを、経営者は肝に銘じてほしいと思います。

●PERと期待収益率

ＰＥＲは、株価がＥＰＳの何倍かで計算できます（ＰＥＲ＝株価÷ＥＰＳ）。これを、

株価＝ＰＥＲ×ＥＰＳ

と変形すると、株価を上げるためにはＥＰＳを成長させる戦略が重要なことがわかります。期待収益率は別名、要求収益率ともいわれるように、「投資家がすべての投資機会の中からあなたの会社に投資するのなら何％要求するかを示した利回りである」と解釈できます。つまり、少しでもこの利回りを欠けるようなことがあれば投資しないということです。

期待収益率は、リスクフリーレートを r_f、マーケットの標準偏差を σm、マーケットと自社のベータ（市場感応度）を β とすれば、

期待収益率＝ $r_f + \beta(\sigma m - r_f)$

と表現できます。

先ほどＥＰＳの成長といいましたが、β は自社とマーケットの共分散をマーケットの

分散（標準偏差の二乗）で割ったものです。横軸にマーケットのリスクを取り、縦軸に期待収益率を取れば、βは傾きに当たります。よって、マーケットリスク一単位当たりの大きさがβであることがわかります。

ちなみに、βはＪＰＸデータクラウドで購入可能です。http://db-ec.jpx.co.jp/

●PERをどう活用するか

本文にもあるように、ＰＥＲは株価をＥＰＳで割った倍率です。ＥＰＳを使う理由は明快です。会社が生み出した年間の利益は当期純利益です。これを一株当たりに置き換えることで初めて、株価と一株当たりということで単位がそろいます。そのため、当期純利益を発行済株式数で割って求めます。その意味は、1年間の利益で株価は何倍になるか、つまり何年で今の株価が回収できるのかということになります。

城中興産の社長はＰＥＲが高いことを望んでいるようです。しかし、これは正しいのでしょうか。根底には株価は人気投票、美人コンテストのように考えているのでしょう。評価にはその理由があります。その原因を確かめなければ企業成長は生まれないと自覚してほしいと思います。

神山物産は経営環境のよい時期にレバレッジ（負債の増加）をかけています。儲けられる環境のときは経営者の判断として借入を増やし利益を上げているのです。その結果、EPSが追いついてきたわけです。一方、城中興産は、安定経営といえば耳障りがいいですが、何もしないでいてライバルに追いつかれそうだからと、押し込みで無理やり利益を伸ばしました。投資家の評価が分かれるのは当然です。神山物産は売れていて、城中興産は商品の押し込み営業をしている。つまり、営業やマーケティング部門の失敗に原因があると思われます。香山はそこを指摘せず、今は飲み込んでいました。

しかし、アゲンストの風が吹けば神山物産にも逆風が吹く可能性もあります。今の株価は、それぞれの会社の経営力を投資家が判断しているのです。経営環境を見極め、内部統制を果敢に行える経営力が求められています。仮説を立て、検証してこそ正しい判断ができます。経営力向上にはこの仮説―検証の繰り返しが大切と心得るべきでしょう。

第2章 「プライム落ち」は逃れたが…東証の市場再編問題

【ストーリー】

（経営企画部会議室）

奥塚「香山君、社長に呼ばれたよ。例の東証の再編問題だよ」

香山「そうですか。でもうちはプライム落ちしなかったんで問題はないでしょう」

奥塚「そうなんだけど、流通株式数の割合が問題なんだよ」

香山「プライム市場の上場維持基準ですが、（A）株主数、（B）売買代金、（C）流通株式、に関する3つの要素がありますね。まず株主数ですが、プライム市場では800人以上の株主が必要です。これは大丈夫ですね。次に売買代金ですが、これは一日当たり当該会社の株式平均売買代金0・2億円以上が必要です。これは少し問題がありそうです。そして、最大の問題が流通株式で、流通株式比率が35％以上です」

奥塚「プライムになったはいいが、維持基準も大変だよな。我が社はドメスティックな企業だ。プライムはグローバル基準だろ。そもそも論もあるけど流通株式は世間の注目を浴びなければ売買も起こらないだろう」

香山「そうなんですよ。やはりＩＲを考え直さないとどうしようもないかと」

奥塚「社長は、プライムは一部で、スタンダードは二部のイメージでいるんだよ」

香山「そんなことはないんですがね。実際、プライム基準をクリアできる会社でも、あえてスタンダードに応募した会社もあるくらいですから」

奥塚「この前、役員のＯＢ会があっただろ」

香山「はい」

奥塚「そこで社長、責められたみたいなんだよ。プライム維持できるのかって。で、来週、対応策をプレゼンしてほしいということだ。時間を空けておいてくれないか」

香山「承知しました。でも流通株式基準は少し複雑で、①流通株式数が2万単位以上で、そのうえで②流通株式比率が35％以上であるとともに、③流通株式の時価総額が

１００億円以上なければなりません。流通株式が多いといいのですが、ライバル社に比べうちは伝統的な会社ですから、成長性も見込めないとアナリストレポートもあまりないのです。同業種だと世間の注目は神山物産のほうに集まっています。ＰＥＲも高いのが証左です」

奥塚「この際だから社長にＩＲの改善もお願いするかなぁ」

香山「でも社長はＩＲに出ないので有名じゃないですか。投資家の前に出るのも嫌いなんでしょ」

奥塚「そうなんだ。過去にアナリストから質問攻めにあったとき答えられなくて、それ以来イヤになったみたいなんだ。株主総会は自分が議長だから、しぶしぶだよ。総会日の前後は不機嫌になるから社長室には誰も行きたがらない」

香山「トラウマですか。でもアナリストはそれが仕事ですから、きつい質問にも対処できるようにしないと。今回はプライム基準に合わせた改善など課題も多いですから。なんとか考えてみます。成功体験と、まずはゆっくり確実にトラウマ改善ですね」

奥塚「よろしく頼むよ」

【解決策】

（社長室）

社長「どうだ、うちは大丈夫か」

奥塚「簡単ではないようです。詳細はアナリスト資格ホルダーの香山君からさせます」

香山「新市場は一部、二部というのではなく、それぞれが特徴を持っています」

社長「知ってるよ。でもそんなことは言っていられないんだよ」

奥塚「香山君、前置きはいいから、問題点と対策をお話ししなさい」

香山「はい、対策のベースは我が社のファンづくりです。3つの基準ともファンづくりをすることでクリアできます。具体的には2つの方向で進めていきます。個人投資家と機関投資家です。まず個人投資家については、工場のある地方都市の地元の株主を増やすことと、都市圏の株主には地方の工場見学など夏休みの課題学習の手助けになるようなことをします。子供が小学校の親世代は働き盛りの30代、40代ですから、長期的な株主になってもらうように当社をアピールしたいと思います」

社長「なんだか楽しそうだな」

奥塚「はい」

香山「次に機関投資家対策ですが、これにはプロも気に入るような対応策が必要です。具体的には、コーポレート・ガバナンス・コードに沿った対応をすることが一番だと思います」
社長「対話しろというんだろう」
奥塚「準備もなく対話するわけじゃないだろ、香山君」
香山「もちろんです。実は神山物産はアナリストに人気でレポートが毎年出回っているのですが、残念ながら我が社は話題にも上らないようで…」
社長「わかってるよ。だからＰＥＲも低いんじゃないか。それにしても獅子身中の虫だな、神山物産は」
奥塚「我が社のほうがもともと体力もありますし、伝統もあるんです。その良さをもっとアピールすべきかと。対話のための素材、テーマは考えて参りますので社長にはぜひ対話をお願いしたいのです。なぁ香山君」
香山「はい」
社長「あんまり自信がないけどなぁ。ひとまず個人投資家への工場見学は進めてくれ。工場の行事として合わせ技でもいいよな。工場じゃ盆踊り大会や夜店もやっているだろ。従業員にも株を持ってもらいたいもんだな」

奥塚「はい」

香山「これで（A）株主数のクリアは期待できますが、個人投資家だと取引高は機関投資家に比べて小さいので、（B）売買代金と（C）流通株式への効果はそれほど見込めません」

社長「そうだろうな」

奥塚「そもそもアナリストレポートが少ないので機関投資家まで行きつかないということですが、逆に機関投資家に直接アピールしてアナリストが我が社のレポートを書かざるを得ないようにするのがよいかと」

社長「ほう、なかなか考えているじゃないか」

奥塚「ありがとうございます。ただ、今回の流通株式の基準は、上場株式数から①主要株主が所有する株式数（10％以上所有）、②役員等が所有する株式数、③自己株式数、④国内の普通銀行や保険会社、事業法人等が所有する株式数、⑤その他東京証券取引所が固定的であると認める株式数、を差し引いた株式数が流通株式数として計算される（流通株式数＝上場株式数－（①＋②＋③＋④＋⑤））ので、小手先の対策では太刀打ちできません」
香山「今は機関投資家も企業との対話をスチュワードシップ・コードで求められていますから好機といえます」
社長「しかし私じゃないといかんのかね」
奥塚「最高責任者が社長ですから。社長が出張るわけですからそれなりの対応もしてくれると思います。まずはシンパの銀行や生保からだと考えています」
香山「ただ、流通株式の除外になる、③自己株式数、④普通銀行があります。我が社は銀行の持ち株比率が高く、それを自己株式として購入したところで問題は解決しないのです。本当の意味で我が社をアピールする必要があるかと思います」
奥塚「社長、テーマはこちらで用意してご相談いたしますので。香山君、頼んだよ。アナリスト受けしそうなことを考えてくれ」
香山「はい」
（経営企画部会議室）
奥塚「社長も少しは対話に応じる気になったようだな」

香山「テーマはいろいろありますが、一番はガバナンスだと思います」
星名「資本コストですか」
奥塚「一丁目一番地だな」
香山「この際押し切るべきだと思います」
奥塚「それはそうと流通株式数対策だけど、星名君、財務部と銀行との折衝はうまくいっているのか」
星名「はい、メインバンクには市場で値を崩さないように売ってもらっています」
奥塚「こちらは自己株式の取得と消却で対応して株価を維持するように動いているんだよな」
星名「もちろんです」
奥塚「株価が下がれば台無しだからな」

【論点解説】

●東証再編とプライム市場

魅力ある市場にする等のために東京証券取引所は２０２２年４月、市場区分を見直しました。下図は２０２１年２月15日、東京証券取引所が作成した「市場区分の見直しに向けた上場制度の整備について」の資料です。従来の区分は第一部、第二部、マザーズおよびＪＡＳＤＡＱ（スタンダードとグロース）でした。これがプライム市場、スタンダード市場、グロース市場の３区分に整理されました。各区分の特色を明確にしてわかりやすい市場を目指しています。

プライムは流動性やガバナンスはもちろん、グローバルな投資家との建設的な対

東証の市場区分の見直し

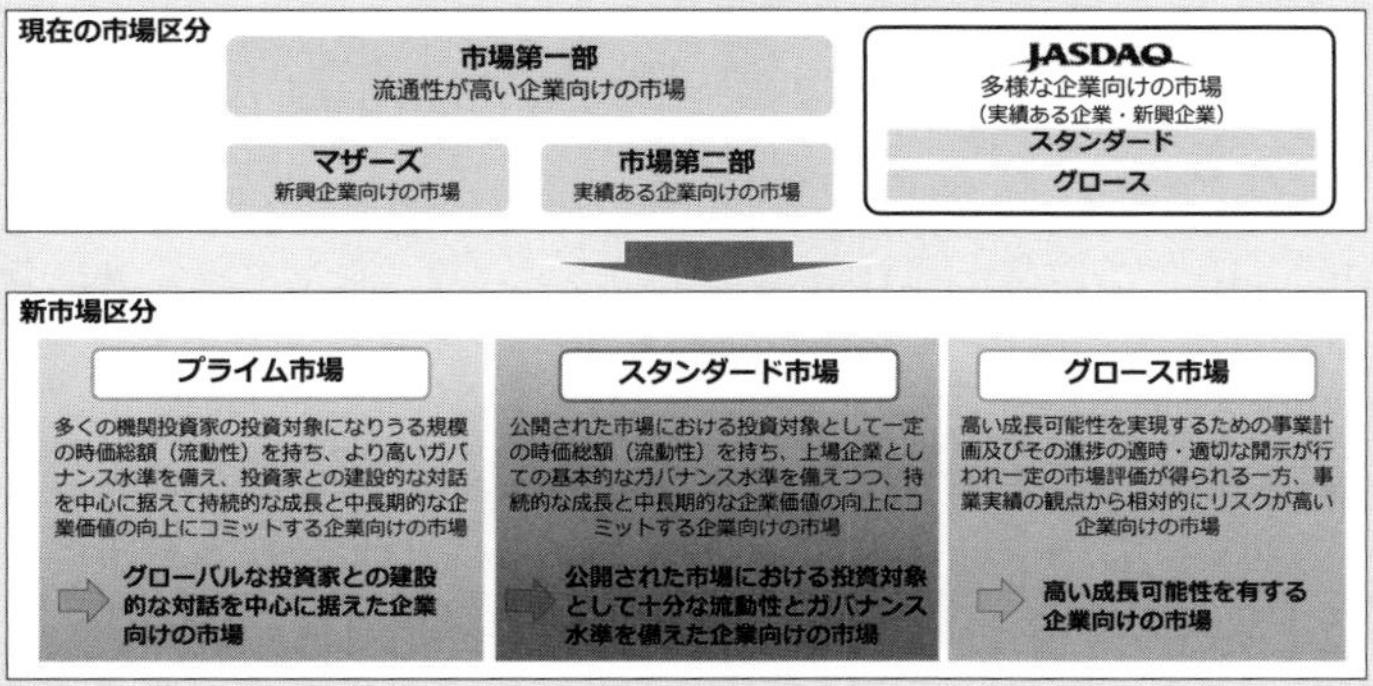

出所：東京証券取引所「市場区分の見直しに向けた上場制度の整備について」

話を中心に据えた企業向けの市場、スタンダードは投資対象として十分な流動性とガバナンス基準を備えた企業向けの市場、そしてグロースは高い成長可能性を有する企業向けの市場と定義されています。城中興産の社長は、東証第一部の延長がプライム市場であり、自分の代で格下の市場に落ちることを恐れているようです。

東証第一部は2000社を超える企業が上場していました。第二部が500社足らずでマザーズは350社程度、JASDAQ・スタンダードは700社弱、グロースは40社弱でしたから、第一部上場企業の多くはプライム落ちに戦々恐々としていました。プライム市場の上場維持条件は、流通株式時価総額が100億円以上（流動性）、流通株式比率が35％以上（ガバナンス）なので、500社以上がプライム落ちする予測でした。改善計画の提出で経過期間を設ける一時的な救済措置はあったとしても、企業のガバナンスの抜本的な改革が求められていたのです。

プライム落ち企業となることは不名誉というだけではありません。インデックス運用の組み入れ対象からも外されかねません。インデックスとは、TOPIXや日経225などの銘柄がパッケージされた企業群の株価です。東証は今回の市場改革によって、従来東証第一部の全銘柄が対象であったTOPIXの計算方法を廃止し、流動株式時価総額１００億円未満の銘柄をウエイト低減銘柄とし、組み入れ比率を段階的に下げ、２０２５年には計算対象外とする方針です。そうなるとインデックス運用をしている機関投資家の運用から除外されるので大量の売りがでる可能性があります。なお、東証第二部指数やジャスダック指数はすでに廃止されています。

このような大変革をやり遂げなければならないのは、やはり欧米に比べて日本の企業はＰＥＲ・ＰＢＲともに低く、その理由として東証第一部の企業が多すぎた、つまり投資家から見向きもされない（流動性がなく、取引の対象にならない）企業が最上級市場に放置されていたということに原因があります。建設的な対話、しかもグローバルな投資家との対話という注目の文言が入っている意味を経営者は深く考える必要があります。

●流通株式数

会社が法務局に届けている定款には株式数が記載されています。それは最大限の株式数であり、発行していない株式数も存在します。発行している株式数を発行済株式数と呼びます。ただ、今回の市場再編で問題となっているのは流通株式数です。その定義は本文で解説しました。

香山がいうように、普通銀行や保険会社、事業法人等が所有する株式数を会社が買い取って自己株式数としても、流通株式数の増減はありません。自己株式を消却すれば、流通株式数に占める割合は高まることになります。

なぜこんなに手の込んだことをするのでしょうか。それは日本のメインバンクが株式を保有しているからです。その結果、流通株式数が少なくなっていることに原因があります。もちろん、市場に流通している株式を自己株式として購入する方法も考えられますが、それでは流通株式数が減少してしまいます。

メインバンクではなく持ち合い株を購入することも選択肢の一つですが、持ち合い株の売却にはそれぞれ理由があるので簡単ではありません。よって、メインバンクから自己株式を城中興産が買い取る解決案を提示したわけです。

東証の流通株式の取引増加を促す政策は、事業法人にとってメインバンクや持ち合いによって株価を固定させない対策です。ストレートに企業価値を高め、投資家から長期保有される企業を目指さざるを得ない政策だといえます。

●単位（売買単位）

東京証券取引所によると、売買は、各上場会社が定款で定めた単元株式数を単位として行われておりバラバラでしたが、２０１８年10月1日をもって内国株の売買単位を１００株へ統一しました。その目的は、個人投資家層を含めてわかりやすく利便性の高い市場の実現にあります。たしかに、8種類（１０００株、１００株、1株、５００株、10株、50株、２００株、２０００株）もあった単位が統一されたのですから素晴らしい取組みといえます。

ただし、この手続きは簡単ではありません。なぜなら、この売買単位と議決権の単位である単元株式数は同じであるとしているからです。売買単位だけなら東証のルールですが、議決権の単元株式数は会社法上必要となる決議が必要となります。定款変更なら特別決議が必要です。しかし、株主の権利を損なわない場合においては、会社法第１９５条第1項に「株式会社は、第４６６条の規定にかかわらず、取締役の決定（取締役会設置会社にあっては、取締役会の決議）によって、定款を変更して単元株式数を減少し、又は単元株式数についての定款の定めを廃止することができる。」とあります。

そして、東証は投資単位の水準は5万円～50万円が望ましいとしています。しかし、実際は値嵩株が存在しています。たとえば、9983ファーストリテイリングの2022年9月22日の終値は8万1280円。よって、100株購入するには手数料を除いて単純に812万8000円が必要になります。うまい調整は難しいものです。

●時価総額

時価総額は「株価×発行済株式数」で計算されます。時価総額は大きいほうがよいのでしょうか。時価総額は企業規模を評価する指標です。企業を買収する場合、時価総額が大きいと買い占めるためのコストの規模が大きくなります。また、現金を使わず株式交換によって買収する場合は、交換する株式数が減少するので、逆にコストは少なくなります。このように、株価の高低によって時価総額は変化します。

時価総額は企業価値の尺度の一つですが、成長企業は過大評価される場合もあり絶対的な尺度ではありません。とはいっても、時価総額が大きい銘柄は日本を代表する企業が多いのも事実です。

日本企業の時価総額ランキング

日経平均28791.71円　　2022/12/21

時価総額順位	株式コード	銘柄名称	終値	時価総額（発行済み株式数ベース）
1	7203	トヨタ自動車	2,106	34,359,400,000,000
2	6758	ソニーグループ	14,475	18,254,200,000,000
3	6861	キーエンス	72,280	17,579,100,000,000
4	6098	リクルートホールディングス	6,972	11,824,200,000,000
5	9432	日本電信電話	3,150	11,409,300,000,000
6	8035	東京エレクトロン	66,280	10,419,900,000,000
7	9984	ソフトバンクグループ	5,434	9,362,530,000,000
8	8306	三菱UFJフィナンシャルG	625	8,301,250,000,000
9	4063	信越化学工業	19,920	8,299,920,000,000
10	6594	日本電産	13,520	8,061,770,000,000
11	9433	KDDI	3,362	7,746,650,000,000
12	6367	ダイキン工業	26,090	7,647,340,000,000
13	6902	デンソー	9,529	7,508,330,000,000
14	4661	オリエンタルランド	19,395	7,053,770,000,000
15	7974	任天堂	53,650	6,967,470,000,000
16	9434	ソフトバンク	1,455	6,965,300,000,000
17	9983	ファーストリテイリング	65,310	6,927,670,000,000
18	7741	HOYA	17,110	6,325,600,000,000
19	4519	中外製薬	3,735	6,271,280,000,000
20	6981	村田製作所	9,157	6,188,430,000,000

出所：日経NEEDSより筆者作成

●スチュワードシップ・コードとコーポレート・ガバナンス・コード

どちらもComply or Explainの原則に立ち、各項目に従うか、従わないのならその理由を説明しなければなりません。機関投資家を対象としているのがスチュワードシップ・コードで、上場企業を対象にしたのがコーポレート・ガバナンス・コードです。

プライム上場企業は、このコードのすべての規定につき対応が求められています（付録2、3参照）。特に、独立社外取締役3分の1以上の選任を要求する規定等が新設されています。一方、スチュワードシップ・コードは、多くの機関投資家、特に運用会社がいち早く対応し、各社のホームページで対応状況を公表しています。

政府は、日本企業が欧米の企業に比較してPERやPBRが低いことを問題視しています。過小評価されているのです。企業統治（コーポレートガバナンス）の視点から、議決権行使に際して企業価値の向上につながらない議決には反対票を投じるというものです。これまでの〝物言わぬ株主〟では株主としての責任を果たしていないということです。

第3章
物言う株主にどう対処するか
――アクティビスト・ファンド対策

【ストーリー】

（あるファンド会社のニューヨークオフィス）

CIO「ガラパゴスの日本が今はバーゲンセール。ターゲットを絞ってアクションすればいいんではないか」

アジアチームヘッド「そうですね。為替で3割、PBRで50%ディスカウントの企業もあるので、その中で問題のある会社をピックアップしています。これがロングリストです」

CIO「ほほう。よさそうな会社がたくさんあるじゃないか」

アジアチームヘッド「はい、大物だと東芝があります。いくらまでベットしていいですか」
CIO「まずは10ミリオンで考えてくれ。期間は5年から10年くらいでクローズドするように。それにしても利益をため込んで成長性が見えない会社が多いなぁ」
アジアチームヘッド「CIO、目標リターンは?」
CIO「20%。10%以下なら君の椅子はなくなるぞ」
アジアチームヘッド「わかりました」

(城中興産社長室)
社長「なんか東芝が大変なことになっているじゃないか」
奥塚「**アクティビスト**ですね。香山君、アクティビストの特徴を説明してくれないか」
香山「はい、アクティビストは〝物言う株主〟といわれています。株主になって正当な権利として会社経営に口出ししてきます」
社長「具体的にはどんな要求だ」
香山「基本的に株価が安いときに買って、企業価値を高めて売却することでキャピタルゲインを狙っての物言いです。したがって、それぞれの企業価値を高める提案をしてくるので、ほかの株主もその提案に同調しがちになります」
社長「内部事情も知らないで正論を吐くということか」
奥塚「特にガバナンス、つまり役員の業績や社外取締役等の役員人事、分社化等の組織改革など、重たいテーマを持ち出されることも多々あるので、目を付けられると厄介です」
香山「それに提案内容も過激なものになりがちです。効果があるような提案が多いのは、企業価値を高めて売却するキャピタルゲイン目当てだからです」
社長「私は未来永劫、会社が続くようにとの思いで経営しているんだ。切り売りされたんじゃたまらんぞ。東芝はなんでこんなことになったんだ。日本有数の会社だぞ、東芝は」
奥塚「そうなんです。香山君、その経過とともに我が社が気をつける点を整理してくれないか」
社長「頼むよ。来週にでも時間を取るから」
香山「かしこまりました」

【解決策】

（社長室）

奥塚「それでは社長、東芝のアクティビストの騒動について、香山から説明させます」

社長「うむ、頼むよ」

香山「はい、まずはこの年表（次ページ）をご覧ください」

社長「やはり業績悪化と社内での権力が背景にあるんだな」

奥塚「さすが、お目が高い」

香山「そうなんです。東芝の業績悪化はM＆A投資の失敗でした。なにしろ東芝は巨大企業です。関連会社を含めれば従業員11万6224名、売上高3・3兆円（2022年度）です。ですが、部門別にかなり壁があったようです。歴代社長を発端、隠蔽、そしてパワハラまがいの目標を強要したとして〝三悪人〟と断じた週刊誌もありました」

奥塚「ひどいもんです。それまでの功績は一瞬で台無しです」

社長「役員なら結果責任を取らなきゃならん」

香山「経営陣も身構えているようですが、結局のところ最後は株主の得票です。そして、

近年の東芝での出来事

年	月	出来事
2006年	10月	WH（ウェスチングハウス社）米国を買収
2015年	7月	不正会計公表（第三者委員会）パソコン事業など
	9月	東芝株を特設注意市場銘柄に指定
	10月	WH社がS&W（ストーンアンドウェブスター社）米国を価格0円で買収
2016年	3月	キヤノンに医療機器事業を、美的集団（中国）に白物家電事業を売却。
	4月	WH社の「のれん」など減損処理（約2500億円）
2017年	2月	4～12月期決算発表を延長表明 半導体メモリー事業を売却すると表明
	3月	WH社が米連邦破産法11条適用申請東芝債務超過
	8月	2017年3月期決算を「限定付適正」で発表
	11月	海信集団（中国）にテレビなど映像事業を売却 約6000億円を第三者割当増資で海外投資家、アクティビストから調達
2018年	3月	2期連続債務超過を回避し上場維持
	6月	東芝メモリを日米韓連合に売却（現キオクシアHO）
2019年	6月	アクティビストが推薦した社外取締役4名選任
2020年	7月	アクティビスト2社が取締役の選任を提案、否決
2021年	1月	東証1部復帰
	3月	臨時株主総会で20年総会決議の再調査の株主提案可決

出所：新聞記事をもとに筆者作成

株主の主な共益権

持株比率	保有期間	株主の権限	条文
1%以上	6ヶ月以上	株主総会の株主提案権	303ⅠⅡ
1%以上	6ヶ月以上	株主総会の検査役選任請求権	306ⅠⅡ
3%以上	6ヶ月以上	株主総会の招集請求権	297Ⅰ
3%以上	なし	業務の執行に関する検査役選任請求権	358Ⅰ
3%以上	なし	取締役等の責任免除に対する異議権	426Ⅴ
3%以上	なし	会計帳簿の閲覧権	433Ⅰ
3%以上	6ケ月以上	取締役の解任請求権	854Ⅰ
10%以上	なし	会社解散請求権	833Ⅰ
定足数（過半数）から50%超	なし	株主総会の普通決議 例：取締役の解任・選任、配当、事業譲渡など	309Ⅰ
定足数（過半数）から2/3以上	なし	株主総会の特別決議 例：定款変更、合併など	309Ⅱ

出所：弁護士法人海星事務所　澤井康生氏作成

アクティビストは株主でもあるので法律に従って要求をしてきます」

社長「それはやっかいだな」

香山「次に上の表をご覧ください。先ほど部長がご説明した役員の業績や社外取締役等の役員人事、分社化等の組織改革など、重たいテーマも提案されます。東芝でも取締役の選任議案で不正があったとアクティビストが主張し、株主総会の招集提案が行われました。不正があったかどうかを調査する検査役の選任のためや、会社が主張する会社分割案に対する意見表明を株主が行う機会を与えるべきとして株主総会の招集を請求しました」

社長「穏やかじゃないね。でもよくあるじゃないか。１％株主になって議決に対案を出してくるのが。電力会社に対する原発反対や社会問題にもなった静岡の某銀行の株主総会の議案も、会社と訴訟になっている被害者が株主になって提案してたなぁ。総会で粛々と否決すればいいんじゃないか」

香山「定例の株主総会での株主による修正議案の提案であれば、提案の前後で提案株主と話し合い、妥協点を見出す機会があります。しかしそれが決裂すれば委任状争奪戦となります。東芝では、**総会招集請求権**が行使された場合、会社が開催を拒むと裁判所に開催を訴えることができ、認められれば株主総会が開催されることになります。そうなれば社会への影響は絶大で、世間の注目を集めることになります」

社長「それは大変なことだな。商品ブランドにも影響するじゃないか」

香山「実際、オリンパスのように、アクティビストが数名の候補者を取締役にすることを要求し、会社側が受け入れた事例もあります」

社長「なんでこんなにアクティビストの活動が盛んになったんだ」

香山「株主の権利とその主張に経営者が耳を傾けて企業価値を向上させるという方向性

は、金融庁が発表した2つのコードの設定から本格的となりました。一つはスチュワードシップ・コードです。これは機関投資家に迫るものですが、2015年に制定されたコーポレート・ガバナンス・コードは企業に対話促進を求める形で、基本原則、原則、補充原則で定められています。社長もご存知のとおり、コーポレート・ガバナンス・コードは、Comply or Explain（「従うか、さもなくば説明せよ」）の原則が適用されています。説明せよとは、従わない理由をすればよいのですが、多くの企業はコードに従っています」

社長「お上が出てくるのか」

香山「まだまだ東芝の場合は結論を得ていませんが、外資による買収提案に対して日の丸応援隊が結成されるようです」

奥塚「なにせ東芝は日本の防衛システムまで受注している企業ですから」

香山「日の丸半導体のときと同様なことが起こりそうです」

社長「バブルの頃だったたな。日本企業は1980年代、世界のトップ5を独走したからなぁ。日の丸飛行隊といって金・銀・銅メダルを独占した札幌オリンピックのスキージャンプのようだった。DRAM（Dynamic Random Access Memory）だったな。なんで日本企業がダメになったんだ」

奥塚「あれは韓国の追い上げです。〝漢江の奇跡〟といわれた汎用メモリへの特化戦略です。価格競争で負けたのです。あのときは日本勢だけではなく、欧米の巨人も一時撤退したくらいですから。結局日本勢は米マイクロン・テクノロジー社によるエルピーダメモリの買収で日の丸は消滅したのです」

社長「そもそもなんでこの変化は起きたんだ」

香山「半導体製造には多額の投資が必要です。韓国は国家戦略として汎用メモリに集中投資しました。それに対して日本企業は汎用だけでなく高機能から汎用まですべての半導体に手を広げていました。選択と集中ができなかったのです。パソコンの普及で結局価格競争になり、それに耐えきれなかった。コモディティ化に対応できなかった。経営戦略の失敗です」

社長「経営判断が市場の方向性、つまり顧客ニーズに合っていなかったんだな。それが結果として価格競争になったとき太刀打ちできなかったのか。マーケットの読み違いは命取りになるなぁ。日本勢のことはわかったが欧米のメーカーも同様の道をたどったのか」

香山「米国はファブレスとファウンドリの分業が起こります」
社長「なんだそれは」
香山「はい、一言で説明すると設計と製造の分離です。日本企業は設計から製造まで一貫した統合モデルに固執しました」
社長「そんなにそのファブレスは効果があるのか」
香山「価格競争は欧米にとっても辛い戦いであることは日本と同じでしたから。そこで役割分担で徹底的に分業化したのです。ただ設計と品質管理は、ファブレス企業は自社のブランドを守る意味でもしっかりと注力しましたから、顧客の信頼は高いままです」
社長「委託生産とは違うということだな」
香山「おっしゃるとおりです」
社長「顧客のニーズに対応することの大切さが身に染みる話だな。ありがとう」
奥塚「いいえ、とんでもないことでございます。そこでアクティビスト対策ですが、ぜひ社長にお願いしたいことがありまして」
社長「なんだ」

奥塚「香山君」
香山「はい、株主に当社のファンになってもらいたいのです」
社長「それがアクティビスト対策にもなるのか」
香山「はい。今は好機といえます。多くの機関投資家がスチュワードシップ・コードを受け入れ、会社と株主との対話が積極的に推奨されるようになったからです」
社長「機関投資家はわかるが、そのスチュワードシップ・コードとは何なんだ」
香山「金融庁が旗振り役になって、機関投資家が積極的に投資先企業の議決権行使を促して企業価値を高めることに関与せよと、企業との積極的な対話を推奨したのです」
社長「それじゃあ政府がまるでアクティビストを奨励していることになるじゃないか」
香山「また、プライム上場企業は積極的に株主と対話するようにコーポレート・ガバナンス・コードでも定められていますから、対話は避けられません。避けられないなら、戦略的な対策を取るほうが得策だということです。その柱は経営者ですから、社長に株主と対話をしていただきたいのです」
社長「君、私はねぇ…」
奥塚「はい、存じております」

香山「もちろん、シナリオはこちらで作成します。社長に恥をかかせるようなことはいたしません」
社長「どうしても避けられないんだな」
奥塚・香山「はい」
社長「そうか、わかったよ。お手柔らかに頼むよ」

【論点解説】

●CIO（Chief Investment Officer）

運用会社の中には会社を代表する代表取締役とは別に、ＣＩＯを設置するところが多くあります。ＣＩＯといっても、この場合はファンドの運用・調査部門の最高責任者（Chief Investment Officer）のことであり、Chief Information Officer：最高情報責任者とは異なるので注意が必要です。

運用会社では運用の実務に携わるそれぞれのファンドマネジャーやトレーダーの権限が尊重されますが、大きな運用方針や運用哲学といった根幹に関わる方針や運用者の評価、処遇を決定し代表取締役に提案するのがＣＩＯの役割です。会社の運営が上手な者が運用にも秀でていることは現実的ではないからです。

日本にある有名な外資系運用会社の場合、日本のファンドマネジャーの上司はニューヨークの本社のＣＩＯです。これはむしろ自然なことです。なぜなら、運用はワールドワイドで一体として行わなければ良好なパフォーマンスにならないからです。

日本法人の社長の重要な役割は会社の経営ですから、運用資産の獲得が大きな評価となります。十分な処遇で優秀なファンドマネジャーがパフォーマンスを発揮できるように、運用対象資産を獲得することが重要であるのは当然です。具体的には、投資信託と一任運用の年金資産、さらには富裕層資産が主なターゲットです。運用会社では叱咤激励型の経営者は不要といえます。

●総会招集請求権と株主の権利

株主になるには株式を購入すればよいですが、それだけで株主としての権利を発揮するわけではありません。株主の権利を主張するためには、会社の株主名簿に記載される必要があります。毎日毎日、株主が変動するなかで会社が株主として認識するのは「権利確定日」（株主優待や配当の権利が確定する日）です。株主優待や配当金を受け取るためには、「権利付き最終日」（権利確定日の2営業日前）までに株式を保有しておかなければなりません。さらに権利確定日に株主名簿に記載されている必要があります。株主名簿に記載されるまで時間がかかるため、2営業日前の権利付き最終日までに保有する必要があるというわけです。

株主になると主に3つの権利があります。①剰余金の配当請求権、②議決権、③残余財産分配請求権です。剰余金は毎年の決算で当期純利益をベースに配当をいくらにするか、内部留保をいくらにするかを株主総会で決定、承認します。株主が会社の所有者であるゆえんはこの3つの権利に基づいています。特に、株主総会では会社の重要な議案が提案されます（58ページ「**株主の主な共益権**」を参照）。取締役の選任、配当金、役員報酬などです。定時株主総会では議長による事業報告や今後の事業運営方針等の説明の後、これらの事案の賛否が決議されます。

この定時株主総会は事業年度終了後、一定の期間に招集、開催することが義務づけられています。もちろん、重要な議事内容があれば臨時で株主総会を開催することも可能です。議題の重要事項に応じて決議方法は3種類（普通決議、特別決議、特殊決議）に分けられます。普通決議は、行使可能議決権の過半数の株主が出席し、出席株主の過半数をもって決議されます。次に特別決議は、行使可能議決権の過半数の株主が出席し、出席株主の3分の2で決議するのでハードルが高いです。この決議は、定款変更・事業譲渡・組織再編などの重要事項です。最後に特殊決議ですが、前出の2つの決議の前提条件である「行使可能議決権の過半数の株主が出席し」の部分は定足数の要件ですが、これには緩和措置があります。

たとえば、普通決議では定款によって排除することができますし、特別決議であっても、定足数要件は定款によって3分の1まで緩和することが可能です。

しかし、特殊決議はこの緩和はできません。このようにハードルが高い決議は、発行株式の全部に譲渡制限を設ける定款変更や、公開会社を消滅させて株主に譲渡制限付株式を交付する場合の吸収合併・株式交換、新設合併・株式移転計画の承認などです。

株主の権利を保護する規定は会社法に定められています。58ページの表は株主の議決権行使の要件をまとめたものです。

●検査役

一般的に検査役とは、株式会社の設立の際に、現物出資、財産の引き受け、発起人の報酬や特別利益、設立費用などについて調査を行う人のことです。裁判所が選任する専門家であり、弁護士が選任される場合が多いです。

本書の東芝の場合は総会検査役です。株主総会に先立って、会社や株主（総株主の議決権の1％以上の議決権を保有する株主）は、裁判所に対し総会検査役の選任を申し立てることが可能です。東芝は定時株主総会に総会検査役を選任するように東京地方裁判所に申し立て（2021年5月18日）、総会検査役は中立的な立場から総会（同年6月25日）の招集手続きや決議方法について調査します。

総会検査役は総会後、報告書を作成します。総会後に紛争が生じた場合、この報告書を根拠にすることができるためです。その背景には、イギリス系投資ファンドの買収提案に関連して社長退任など混乱が生じていること、社外取締役による諮問機関の設置や大規模な増配による株主還元策などがあります。株主総会決議後のトラブル、決議事項取消の訴えや決議不存在確認の訴えなどを防止する対策だといえます。

第4章 資本コストの導入は可能か

【ストーリー】

アクティビストの件や東証の市場再編問題で、社長の頭の中は、なんとしても私の代で一部落ち、すなわちプライム落ちは避けたい、もしものことがあれば先代社長に顔向けができないという思いでいっぱいであった。

（経営企画部会議室）
香山「星名君、とうとう黒船が来たね」
星名「コーポレート・ガバナンス・コードですか」

香山「そうだ。資本コストの概念を入れるチャンスじゃないか」
星名「でもうまくいきますかねぇ」
香山「部長に相談するよ。どうせこの手のことは私が担当することになるからな」
星名「香山さんはアナリスト資格を持った期待の星ですからね」
香山は資料づくりのために、大学のゼミ仲間でコンサルタントの中野に相談することにした。

（会社近くの中華料理店）
中野「どうだい、経営企画の仕事にも慣れたか」
香山「ぼちぼちでんな」
中野「なんやそりゃ」
香山「早速だけど、資本コストって広がってるみたいだね」
中野「お前もアナリストなんだから、『証券アナリストジャーナル』読んでるだろ。アンケート調査見ただろ」
香山「見た見た。うちでも対応しなきゃと思っているけど、実際のところどんな風に導入すればいいのかよくわからないんだ」

中野「お任せください、当社に」

香山「営業かよ。おれの一存では決められないよ」

中野「導入はいろいろと社内調整が大変みたいだよ。社内がぎくしゃくしたり、派閥の論理で形骸化したり。いろいろだな」

香山「たとえばどんな」

中野「会社名はいえないが」

香山「別に会社名はいらないから、一般的な注意点を教えてほしいんだ」

中野「失敗というのはどんな意味でかというと、形骸化と乱用がある」

香山「形骸化と乱用か」

中野「形骸化は、資本コストからハードルレートの設定のところで起こるんだ」

香山「ハードルレートというのは社内レートのことだよな。具体的には？」

中野「部門別にハードルレートを設定することが多いんだが、ここで自分の出身の部門を特別扱いしたり、将来キャッシュフローの見積もりの検証をいい加減にしたりする場合だ」

香山「それでは何のための資本コストの導入かわからないね」

中野「アナリストへの言い訳に使っているとしか思えないね。短期的な言い訳はできても長期的には会社がおかしくなっていく。社員のやる気はなくなるし、資源配分も無用なところに費やすことになるから業績不振になるよ」

香山「結局、株価の低迷になるってことか。株価が低迷すれば次の一手のM&Aにも影響するよな」

中野「そうなんだよ。今はバリューチェーンを分析して弱みの補強、将来の機会への対応にM&Aを利用することも多いからな」

香山「乾坤一擲の投資がM&Aだからね」

中野「いい案件、紹介できるよ」

香山「またまた商売だな」

中野「ウイン－ウインの関係を作りたいんだよ」

香山「今は株価が低迷しているから無理だよ。採算が合わない」

中野「PERがこの水準じゃあな。期待収益も高いだろう？」

香山「そうなんだ。現金より株式交換でM&Aを狙いたいから」

中野「でもだめなんだろう。おたくの社長は株価じゃなくてＰＥＲが低いって憤慨しているんだから。人気投票に負けたといいながらＩＲで会社の未来を語れないんだものな」

香山「お前は部外者だから言いたい放題だなぁ」

中野「客観的な第三者の意見ですよ。ついでにいうと、株主に期待できないなら銀行を頼る方法もあるぞ。今は逆ザヤかというくらい低金利だ。負債比率を増やせば利益は向上するから株価は上がるぞ」

香山「どういうことだ。説明してくれよ」

中野「いいよ」

【解決策】

中野は鞄からノートを取り出して説明を始めた。

「まず、資本コストの計算式はわかるよな。超低金利の今、負債資本コストは株主資本コストよりも小さいから、負債の割合を増やせば全体の資本コストは下がる。

ライバルの神山物産が負債比率を上げて利益水準を引き上げているのは、資本コストが

WACC（加重平均資本コスト）の引き下げ

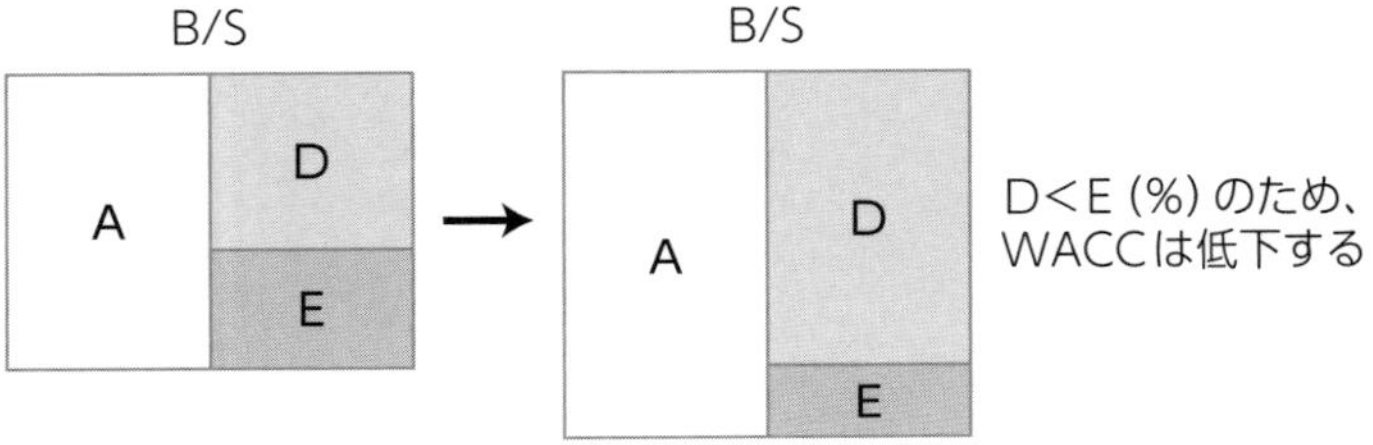

WACCの低下＝ハードルレートの低下

投資の意思決定を正味現在価値法で行う

↓

割引率が低下

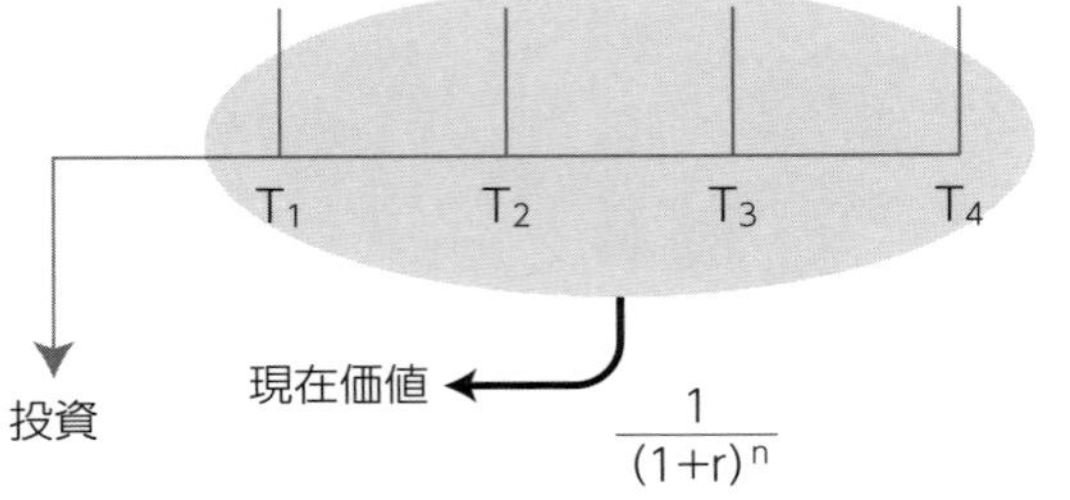

rが低下すると投資案件は通りやすくなる

下がると投資のハードルが下がる。つまり攻めの経営ができることが原因なんだ。攻めの経営はなにもマーケティングだけではないぞ。**バリューチェーン**を担っているすべての部門に行き渡る。香山の城中興産は、発言力が強い部門の声は通る。その部門は陽が当たるがそうでない部門は萎縮してしまう。発言の強い部門が正しければいいが、そうでなければ大変な損失につながる。資本コスト経営をすれば全部門でハードルレートが下がるから全部門でチャンスが広がるわけだ。

もっとも、どこまでも負債を増やせばよいというわけではない。極端なことをやれば倒産のリスクが高まるよ。負債は金利の支払いが必須だから、配当のように、今年は業績不振で減額するけど来年度はこうこうこうで業績が上がるのでという言い訳はできないからな。倒産リスクが下がらない程度で負債を増やすのがポイントだ。経営環境と戦略が重要だよ。アゲンストの環境なら負債比率を下げてチャンスをうかがうことも重要だ」

後日、経営会議にて資本コストとハードルレートの導入が決定した。

（経営企画部）

奥塚「資本コストの全社導入が決まったな。おめでとう香山君、よかったね」

香山「これで我が社もスタートラインに立ちましたね」

奥塚「それにしても形骸化の話はよかったよ。営業にくぎを刺したんだから。ほかの役員もうなずいていたよ。特に生産本部は押し込みの商品調達でテンテコマイだったからな」

香山「それほどでも」

星名「僕は少し怖かったです。入谷常務の顔が」

香山「入谷常務に嫌われたかなぁ」

奥塚「香山プロジェクトなんだから頑張らなきゃ」

香山「はい…」

（香山の心の中）

どうも奥塚部長は証券市場のことや今回の資本コスト導入など俺に任せっきりだ。部長は名門大学を卒業した後、アメリカのＭＢＡを卒業している。資本コストを知らないはずはない。なんで知らないふりをするんだろう…。

そうか、資本コストを導入すれば、入谷常務の権限が縮小するに決まっている。これまでのように社長頼りのおねだりはできなくなる。だから初めから知らないふりをしたわけだ。大人の対応かぁ。失敗したら責任はお前（香山）がかぶれというわけか。覚悟したほうがよさそうだ。もしもの時のために仲間を集めておかないといけないな。社内ネットワークは組織で生きるうえでの命綱だ。

【解決策】

（生産本部会議室）

竹内部長「今日の企画会議では経営企画部の香山さんに今回導入された資本コストについて説明していただく。資本コスト導入は社長命令だ。気合を入れて取り組んでほしい」

香山「香山です。ご説明の場を設けていただきありがとうございます。資本コスト導入は優良企業のほとんどが実施している方法です。投資家への説明も明確になるので、ぜひ成功させていただきたいと思います」

（香山からひととおり資本コストと正味現在価値法の説明があった。）

佐藤課長「仕組みはみんな理解しているし、正味現在価値法の割引率は経営企画部が与えてくれるので計算はしやすいのですが、キャッシュインが想定と違うとどうなるのですか」

香山「まだはっきり決定したわけではありませんが、次年度の資本コストに数％上乗せされると思います」

佐藤「懲罰的な意味合いで社内のハードルを上げるわけだな。その結果、新規投資がよりできなくなるということか。こりゃ大変だ。でもキャッシュインが数年間に及ぶ場合、どう判定するんだ。生産の効率化で機械を導入した場合、生産の向上分を毎年のキャッシュインとして積算した場合、その効果はたとえば10年に及ぶよ」

香山「それはあまり問題になりません。途中経過が正確かどうか検証しますから。具体的には、翌年掲げたキャッシュインと実際のキャッシュインを比較すれば進捗状況はわかりますから」

佐藤「何年目を多めにするかみたいなことはあまり意味がないということか」

香山「そうなんです」

A案とB案のケース

A案	0	1	2	3	Total
キャッシュイン		7	6	1	14
キャッシュアウト	10				0

回収期間は1.5年

B案	0	1	2	3	Total
キャッシュイン		6	4	6	16
キャッシュアウト	10				0

回収期間は２年

課員「今までは期間回収法、つまり何年で投資金額が回収できるかということで投資する順番を決めていましたが、それではダメな理由はなんですか」

香山「期間回収法は普及している考え方ですが、致命傷があるんです」

佐藤「それはだな、早めの回収が優先されるので、トータルの回収額を考慮に入れていないことだよ。投資したければ短期回収、つまりキャッシュインの前倒し案件が優先される」

香山「課長、そのとおりです。たとえば、このA案とB案のようなケースでは、B案がトータルのキャッシュインが多いのにA案が優先して採用されます。会社にとっては損失です」

課員「なるほど」

香山からのレクチャーが終了した後、竹内部長は生産担当の伊丹執行役員に報告した。
竹内「…。報告は以上です。真剣に取り組まないと自分の首を絞めることになりそうです」
伊丹「竹内君、大丈夫だよ、うちは。うちには関連会社の城中製造がある」
竹内「え、それは…。子会社にうまく報告させよということですか」
伊丹「君はものわかりがいいね。よきように、だよ」

【論点解説】

●資本コストとハードルレート

資本コスト（ＷＡＣＣ：Weighted Average Cost of Capital）とは、文字どおり「加重平均資本コスト」のことです。図示すれば次ページの図のようになります。正確には税金や経過勘定の問題とか調整が必要ですが、ざっくりと資本コストの本質を捉えましょう。

負債と純資産の比率に、負債の金利と純資産の期待収益率（投資家がその会社に投資するために必要な要求利回り）をそれぞれ乗じて加重平均した値です。たとえば、負債

資本コストの例

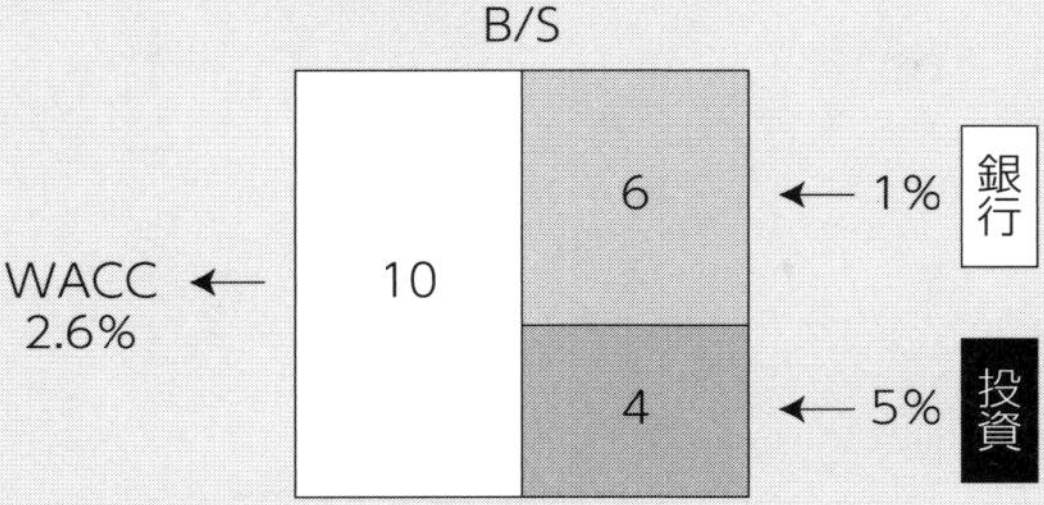

負債と純資産の割合が6：4とする。
WACC＝1×0.6＋5×0.4＝2.6

CAPM（資本資産評価モデル）

CAPMによって計算された個別資産の期待リターン
＝無リスク資産のリターン＋（市場ポートフォリオのリターン
－無リスク資産のリターン）× β

$$\beta = \frac{\text{（市場ポートフォリオと個別資産の共分散）}}{\text{（市場ポートフォリオの分散）}}$$

と純資産の比率が6：4で金利が1%、その会社の期待収益率が5%なら、WACCは2・6%となります。

この会社が資産を活用して投資する場合、2・6%の利益が出なければ銀行や投資家の期待に応えられないことになります。実務的には、社内の幹部には2・6%では心もとないので、+2%して4・6%以上の利益を基準にすることも多いですし、部署ごとに+αを決定してもよいでしょう。これをハードルレートとか社内レートといいます。

第1章で教授が社内体制の規律づけとしてハードルレートの設定を話そうとしていますが、香山の眼中にはPER問題しかないようなので、教授の提案は無視された形で終わっているのが残念です。

第5章 ポストM&Aを意識しなければ失敗するぞ

【ストーリー】

（経営企画部）

奥塚「香山君、先ほど社長から呼び出されてねぇ。なんでも証券会社が社長の自宅まで押しかけて、なかには犬の散歩まで待ち伏せてM&Aの案件はどうかと聞いてくるツワモノがいるそうだ。はっきりいってヘキエキだそうだ」

香山「証券会社も必死ということですね」

奥塚「M&Aなんか考えていないのに、なんでそんなに営業攻勢かけてくるんだ」

香山「うちは上場会社です。財務諸表は開示されているので、キャッシュの大きさと成長性の低さから乾坤一擲のM&Aを仕掛けてくるだろうと考えられているのでは」
奥塚「実際にはそれほど潤沢ではないのだけどな」
香山「しかし、社長のプライベートまで踏み込むのは行き過ぎですよ。出禁にしましょう。どこの会社ですか。財務部に話しておきます」
奥塚「やんわりとね。うちのメインバンク系のところだから」
香山「M&Aを理解されないで社長に決断されると大変な経営判断ミスになります」
奥塚「そうなんだよ。とはいっても私もそれほど理解が深いわけではないが。たしか以前、社長はキリンとサントリーの統合の件について知りたいとおっしゃっておられた。この説明ということで社長にM&Aの勘所をご教示しておいたほうがいいと思う。香山君、お願いできるかなぁ」
香山「時間をいただければ」
奥塚「わかった。じゃあ来週の役員会の後、いいね」
香山「は、はい」

【解決策】

（社長室）

奥塚「社長、本日はお時間をいただきありがとうございます。では、香山君からキリンとサントリーの統合について解説をさせます」

社長「うん、気になっていたんだ。最近では私のところに直接売り込みに来る業者もいるんだ。ヘキエキとしているよ」

奥塚「社長のプライベートのお邪魔をしないように、財務部には私から申し付けましたので、今後もそのようなことがあれば私に命じてください」

社長「それはすまなかったね。ありがとう」

奥塚「それでは香山君、よろしく」

香山「はい、まずこちらの年表をご覧ください」

香山「優良会社同士の経営統合なので、世間を賑わせていました。結局は株式の交換比率に納得がいかないため統合は（失敗した）といわれていますが、統合後のポストの問題、サントリーの資産管理会社である寿不動産の持ち分の大きさによる重要事項拒否権の問題など、いくつか原因が囁かれています。この時点で統合したかったの

キリンとサントリーの統合（失敗）の年表

2008・1	オランダのハイネケンとデンマークのカールスバーグが、英スコティッシュ・アンド・ニューカッスルを共同買収すると発表。
2009・4	サントリーが純粋持ち株会社制へ移行。
2009・7	経営統合交渉入りを発表。
2009・9	公正取引委員会へ独占禁止法の事前調査申請。
2009・11	資産査定予定。
2009・12	合意発表の予定であった。佐治社長、全社員に統合のメール。キリンのビール事業の強みとサントリーの清涼飲料事業の強みの相乗効果で国内市場（縮小市場）トップとなり、海外市場に打って出るという意気込みだった。
2009・12・16→2010・1・22	合意発表の延期。
2010・2・10	経営統合破談の記者発表。キリン加藤社長が退任、代表権のない取締役会長へ。

出所：新聞記事をもとに筆者作成

は事実ですが、その後統合が永遠にないわけではないので、失敗の文字はカッコ書きとしました」

社長「今後可能性がないわけではないということか」

香山「はい。まずこの統合の背景には総合飲料メーカーの世界戦略があるということと、国内ではアサヒビールのV字回復があるといわれています。国内市場ではシェア50％の統合会社ができるわけですから規模の利益が得られます。また、海外市場では2008年、統合発表の前年ですね。ハイネケン（オランダ）とカールスバーグ（デンマーク）が英スコティッシュ・アンド・ニューカッスルを総額153億ドル（約1兆6000億円）で買収する事態が発生したので、キリンの時価総額のディールが海外では起こっているのも背景だと思います」

社長「アサヒはキレ・コクの『スーパードライ』が大ヒットしたからなぁ。有名な村井・樋口改革だな。この後を継いだ瀬戸社長は業界トップに躍り出た。鮮度、鮮度とテレビCMも盛んだったことを覚えているよ」

香山「ビールの鮮度を追求する『トータルフレッシュマネジメント活動』ですね。これを実現するために物流改革を行っています。実は酒税は出荷時点で計算されるので、売れ残りにも税金を払うんです。そもそも古いビールはうまくない。瀬戸社長が行ったのはまさに経営改革です」

社長「かつては〝夕日ビール〟と揶揄された会社を村井さんが社内をまとめ、樋口さんが大ヒット商品を作り上げ、瀬戸さんがロジスティクス改革か。いい社長が三代続くと会社も安定するなぁ。２００９年というと荻田社長時代だな。彼は子会社の社長へ出向になったが見事に黒字化を成功させた。君も『三ツ矢サイダー』は飲んだことあるだろう」

香山「はいあります。この瀬戸社長時代のロジスティクスが他社の焦りを生み、キリン、サントリー統合のトリガーとなったといわれています」

社長「なるほど。鮮度管理は経営統合するまでのインセンティブか。なにもおいしいビールを作るだけでなくて、それを届けるところまでが品質であるという思想だな。でも、国内ではゴリゴリ営業でシェアを奪い合ってもシュリンクする市場じゃ限界があるぞ」

香山「はい、これは『週刊ダイヤモンド』の２０２１年4月26日号の記事なんですが、国内市場が人口減少で先細りするなかで成長を海外に求めるという理由が原因だと書

国内トップ同士の統合で世界最大級に

世界の大手食品メーカー売上高ランキング

	社名	国名	売上高(億円)
1	ネスレ	スイス	93,600
2	ユニリーバ	英・蘭	52,200
3	ペプシコ	米国	40,000
4	クラフト・フーズ	米国	39,000
5	キリン+サントリー	日本	38,164
6	コカ・コーラ	米国	29,600

＊2008年度。外国企業は十億円単位を四捨五入

国内の大手食品メーカー売上高ランキング

	社名	業種	売上高(億円)
1	キリンHD	ビール	23,035
2	サントリー	酒類	15,129
3	アサヒビール	ビール	14,627
4	味の素	調味料	11,903
5	明治HD	菓子+乳製品+医薬品	11,254
6	日本ハム	ハム	10,284
7	マルハニチロHD	水産+冷凍食品	8,974
8	山崎製パン	パン	8,117
9	森永乳業	乳製品	5,839
10	日本水産	水産・冷凍食品	5,052

＊2008年度連結決算数値。明治HDは明治製菓と明治乳業の単純合算。主要食品メーカーのうちJTは除く。HDはホールディングスの略

出所：『週刊ダイヤモンド』2021年4月26日号

かれています」

社長「海外市場で成長？」

香山「はい、上場会社ですから株主から成長を求められ、経営者はその解答を海外に求めたということです」

社長「でもサントリーは子会社こそ上場しているが親会社は上場していないだろう」

香山「はい、そのとおりです。しかし、この記事では海外勢に比べ日本勢が劣っていることがわかります。統合してやっと売上高世界5位ですから。さらに王者ネスレの売上はキリン・サントリー統合の2倍強です」

社長「ネスレはビールというより総合食品メーカーだよ」

香山「はい、キリンもサントリーもビールが目立っていますが、健康食品など幅広く展開しています。それらを考えれば世界市場に伍していくには経営統合が必要と考えたのでしょう」

社長「すごい話だな。私のところに来ている証券会社の営業は安い買い物だからとしか言わんからなぁ」

奥塚「社長、安いといっても数十億、いや数百億単位はかかる高い買い物です」

社長「高いか安いかはこっちが決めることだ」
奥塚「そのとおりです。ですからＭ＆Ａは慎重に社内で検討する必要があります」
社長「そりゃそうだ。私も夜討ち朝駆けの営業にヘキエキとしていたところだ。窓口は君のところに一本化しよう。財務部にも話しておいてくれ」
奥塚・香山「承知しました」

【論点解説】

●会社の価格はどうやって計算するのか？

会社をいくらで売却するか、いくらで買うのか。安く買えればいいのだけど…。誰でも考えることは同じです。買う側と売る側の両者が納得する価格で交渉する必要があります。

基本的な考え方は次ページの図のとおりです。

図のように、将来の価値を現在価値で計算することです。会社は利益を生み出す部分と財産を清算したときの価値があります。前者の予測が可能なのは3年から5年程度で

M&Aの考え方

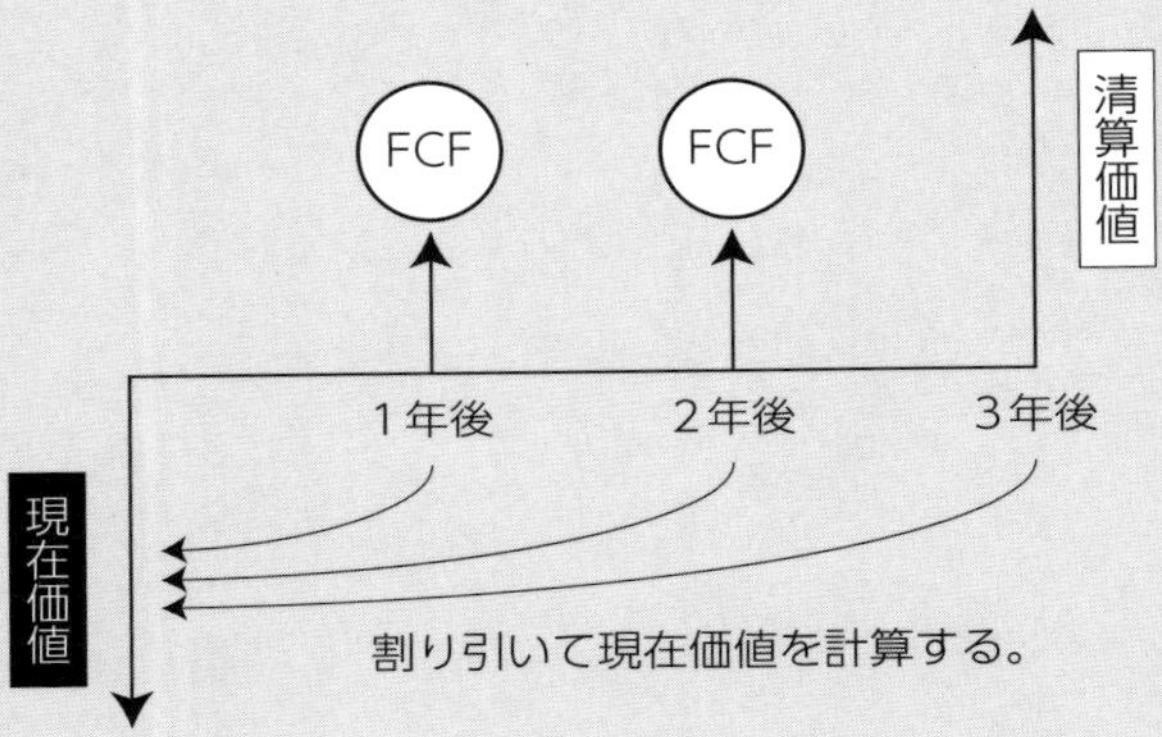

しょう。４年だとすれば5年目には価値を計算して現在価値にします。

ここで問題となるのは、将来価値を現在価値に戻す割引率です。そう、皆さんが学んだ資本コストがベースになることはおわかりでしょう。では、一般に買収する側とされる側の資本コストはどちらが高いと思いますか。それは、買収される側です。なぜなら、買収される企業は経営危機に陥っていると推測されます。するとハードルレートは高いわけです。よって、優良企業に買収されれば買収される企業の資本コストは優良企業に変化するので、割引率は下がります。設備投資もやりやすくなるため、成長期待から企業価値が上がることが期待されます。

買収の動機にはシナジー効果がありますが、

ファイナンス的にもこのようなＭ＆Ａの動機はあることを理解してください。

●M&Aの構図がわかれば、より理解が深まる

さまざまな事情がありますが、Ｍ＆Ａは「敵対的」と「友好的」に分類できます。よく使われる分類ですが、立場を変えて検討することを意識する人は少ないように思えます。より深く理解するためには立場を変えて検討することが重要になります。

ひとくちに経営者といっても２つのタイプがあります。経営者と株式の所有者が同じならオーナー経営者と呼ばれます。上場企業であればこのような会社は少ないでしょう。むしろ経営と所有の分離が行われています。よって、敵対的買収の場合、買収する側は相手の経営者と敵対しています。そして、買われる側の株主に統合後のシナジーを訴求して企業価値、つまり買収に応じた場合のメリット（株式価値の向上）を訴えて株式交換に賛成を依頼したり、株を買い取ることに同意してもらったりします。オーナー経営者でなければ経営陣と株主は同じではないので、敵対的とは、経営者と買収する側が対立しているという構図になります。

M&Aの構図

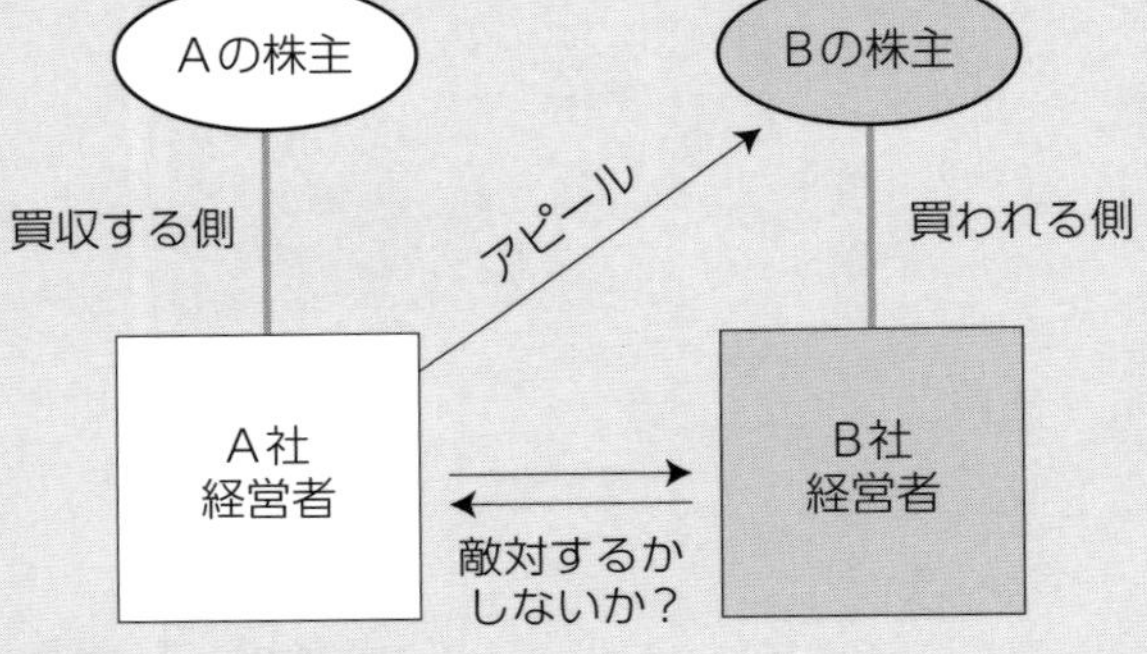

株主にも2つのタイプがあります。短期の売却益目的であれば市場価格よりも高い価格でオファーするし、長期の投資家の場合はシナジーにより保有価値の向上を理解してもらうように努めることになります。敵対的とか友好的とか騒ぐ前に全体構造を理解してほしいと思います。

●友好的なM&Aとは？

ＴＶドラマに出てくるＭ＆Ａは多くの場合、敵対的な買収です。では友好的な買収ってどのように起こるのか、疑問に思いますよね。

次ページの図（上段）は広義のＭ＆Ａです。販売提携や物流提携などの業務提携からお互いを知り、自己の弱みを相手の強みで補完し利益の増大に効果があれば、シナジーが発揮されたことの証左になります。こうしてお互いの信頼関係を気づいて友好的になれば、財務的な危機に陥ったときには、出資してもらったり、借入をしたりする関係に発展します。

資本提携から始まって両者が合併することはよくあることです。それぞれの社風を生かしたいなら、持ち株会社（ホールディングス）の下に両社を置くこともあります。間接部門の削減を考えれば合併でしょうが、役員ポストの削減を嫌うなら持ち株会社を選択でしょう。

M&Aの種類

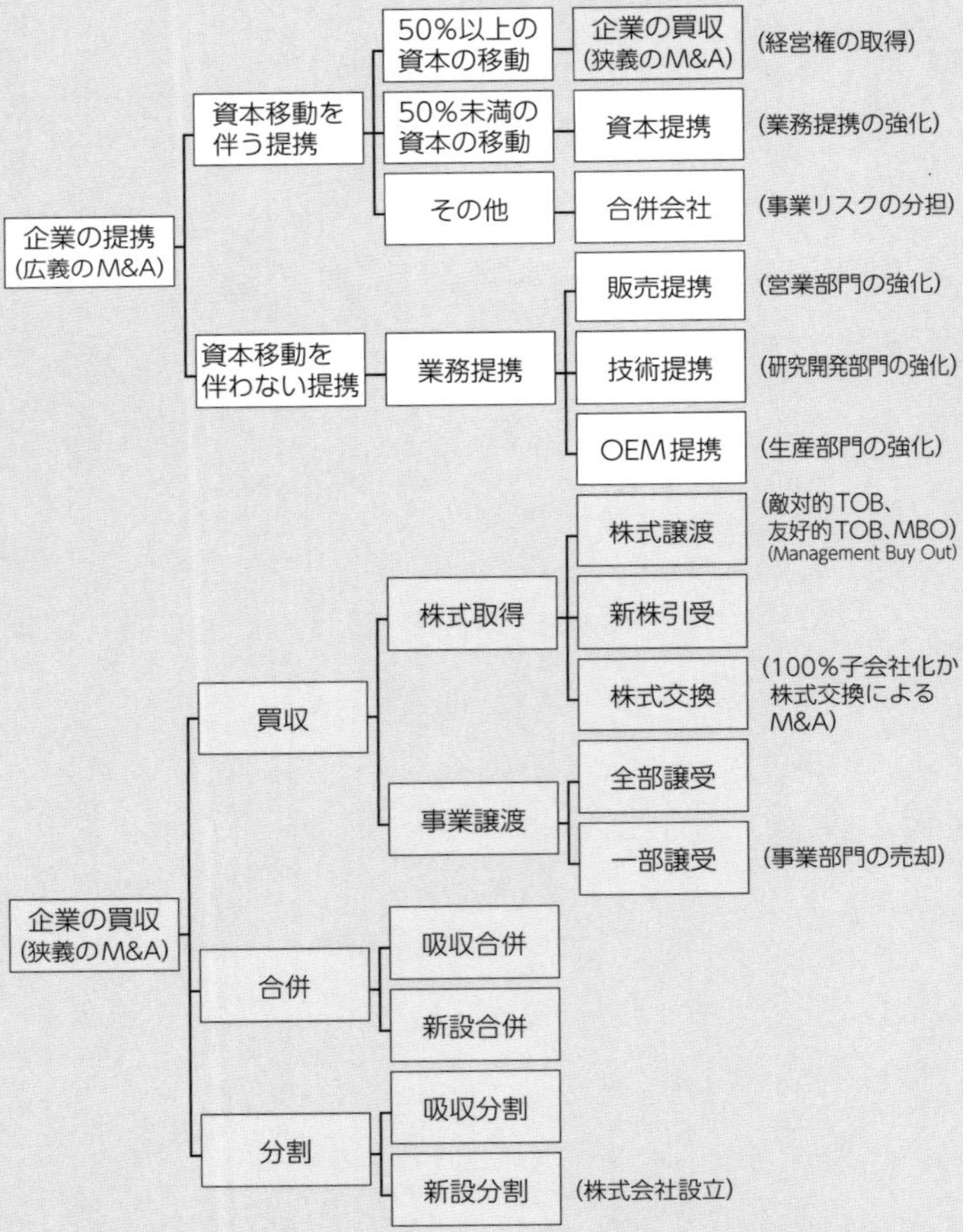

出所：『ファンドマネジメントのすべて』三好秀和編著「第１章２. M&A」
光定洋介氏執筆

●M&Aの成立までのプロセスとは？〈その1〉

M&Aのきっかけはさまざまです。頼んでもいないのに証券会社が買収先にもちかけることもあります。成立した場合のM&Aの手数料の大きさは、ディール、つまり売買代金に比例します。どんなに大きなディールでも数十人規模で仲介できるので一人当たりの手数料売上は大きく、非上場会社のM&A仲介であっても、数社上場する仲介会社が存在しています。

上場会社は少数株主が多数存在するため、その保護の観点から売買価格で訴訟になるケースも多く発生します。大量保有の情報開示（いわゆる5％ルール）が上場企業の株式保有者には義務づけられているので、注意が必要です（なお、非上場会社にはありません）。

M&Aの手数料

基準となる価額（円）	乗じる割合（％）
5億円以下の部分	5
5億円超10億円以下の部分	4
10億円超50億円以下の部分	3
50億円超100億円以下の部分	2
100億円超の部分	1

手数料の種類と発生するタイミング

- ①着手金　：主に契約締結時
- ②月額報酬：主に月ごとに定期的・定額
- ③中間金　：基本合意締結時など案件完了前
- ④成功報酬：案件完了時。一般的に算出には上の表（レーマン方式）を用いる。

出所：中小企業庁「中小M&Aガイドライン」

一般的なM&Aのプロセスと専門家の役割

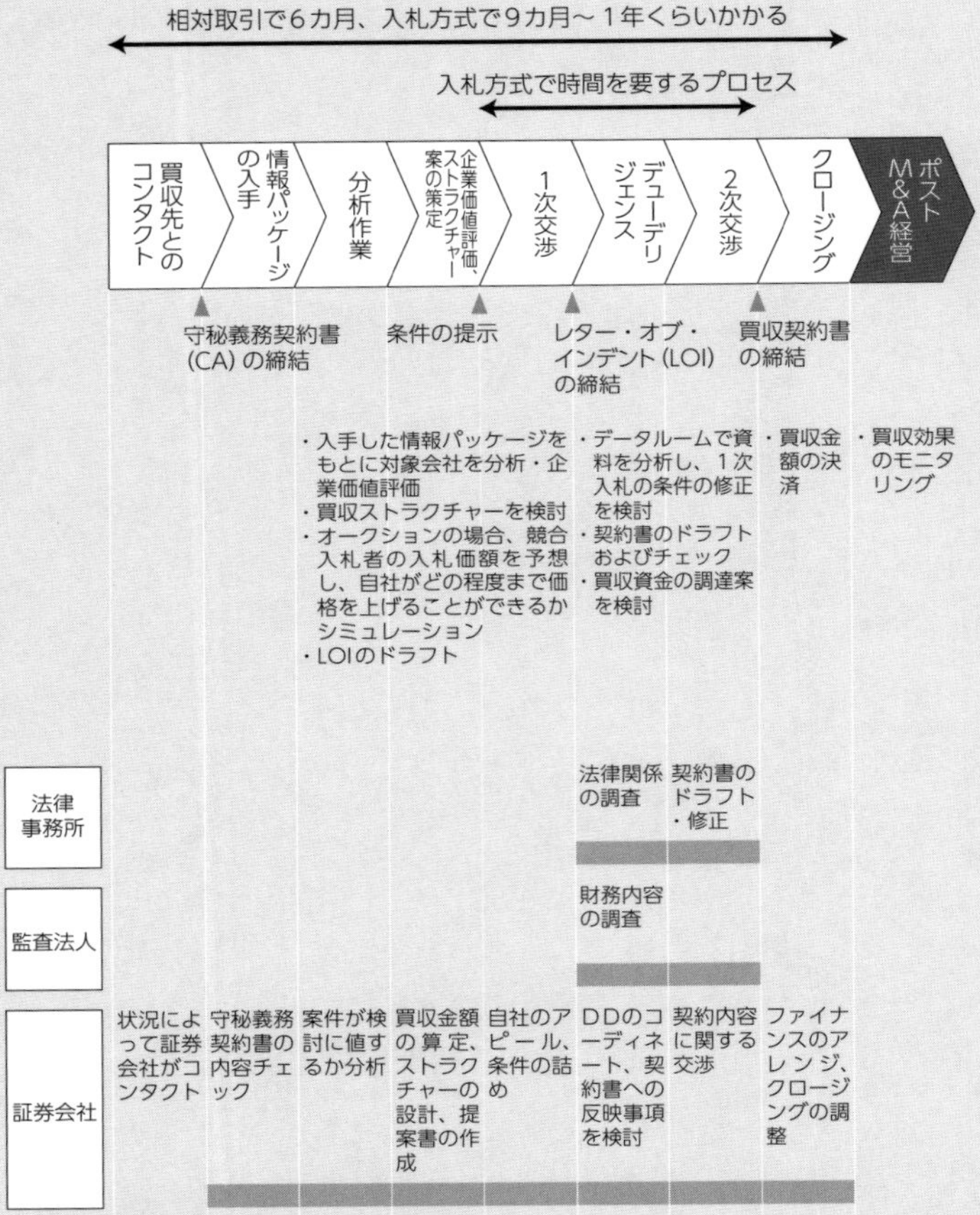

出所：保田隆明著『実践LIVE企業ファイナンス入門』ダイヤモンド社、p.180、2008年

●M&Aの成立までのプロセスとは？〈その2〉

M&Aを進めた証券会社が、ファイナンシャルアドバイザーとなる場合が多いようです。M&Aが成立するまで全般的なプロセス管理をしてくれます。このプロセスの中で特に重要となるのがデューデリジェンスです。

デューデリジェンスとは、投資先の企業の価値やリスクなどの調査のことです。企業価値についてはすでに説明しました。将来価値はそれほど専門家の見解が分かれることもありませんが、割引率は相手先のファイナンシャルアドバイザーと議論となることが多いものです。敵対的な買収でTOB（株式公開買付）は成功したものの、あとで訴訟となる場合が多いのはこの将来価値を現在価値に引き戻す割引率です。

次に企業のリスクです。買収される企業に帳簿どおりの資産が存在するかどうか、その価値はいくらかを正確に把握します。この資産が査定どおりでないなら企業価値に反映させる必要があります。特に特許などの無形資産の評価は注意が必要です。さらに買収される企業が債務保証など想定外の不利な契約がないか、そのリスクは最大でどのくらいかを査定することも大切なデューデリジェンスです。そのため、専門の弁護士のチェックは欠かせません。

買収後、想定どおりのシナジー効果が得られないとポストM＆Aに苦しむことになりかねませんから。

第6章

ＩＲは株主総会の前哨戦、プロを説得できないのでは経営者失格

【ストーリー】

（経営企画部会議室）

奥塚「憂鬱な時期がまたやってくるなぁ」

星名「**株主総会**ですね」

奥塚「そうなんだ。いつも社長の機嫌が悪くなる」

星名「厳しいですからね。特にプロであるアクティビストの指摘は」

奥塚「以前、香山君から社長にアクティビストの動きをレクチャーしてもらったんだが、社長は納得したかどうか。理解はしたが行動に表さないとまた悪夢の繰り返しだよ」

星名「それならまた香山さんに対策を練ってもらったらいかがですか」

【解決策】

奥塚「香山君、どうかね」
香山「そうですね、株主総会は公式な場所なので、時間が自由に決められるＩＲの場で社長に慣れていただくのはどうでしょうか」
奥塚「いつも財務担当役員がＩＲの対応をしているんだ。社長は嫌がっているんだよ。いろいろと批判されるのが嫌いな人だから」
香山「気持ちは理解できますが、機関投資家からみれば経営の最終責任者は社長ですから、経営戦略の発表の場であるＩＲに社長が出席しないのは後ろ向きと捉えられます」
奥塚「そりゃぁそうだろうよ。でもなぁ…。君から社長を説得してくれないか」
香山「私からですか」
奥塚「頼むよ」
香山「直接はちょっと…」
奥塚「なら、機会を設けるよ。そうだな、株主総会の打ち合わせということでその流れで話せば自然じゃないか」
香山「そうですね。わかりました」

（社長室）
奥塚「……。社長、以上が今年の株主総会の予定です」
社長「そうか、わかった。いつも大変なんだよ、株主総会は」
奥塚「そこで香山君から妙案があるそうです」
社長「そうなのか」
香山「妙案というほどではないのですが」
奥塚「謙遜はいいからお話ししたまえ」
香山「はい。株主総会でいきなり発表だと株主も不満が爆発すると思うんです」
社長「そうなのか。他社並みにＩＲにはお金をかけてやっているし、配当も神山物産と変わりない水準だ。株主優待で人気のコメを送っているじゃないか」
奥塚「できることはしていると思っております。しかし、香山君がいうにはＩＲは社長じゃなきゃダメだそうです」

社長「なんだって？　財務担当常務では力不足だというのか。私より財務担当のほうが数字はよくわかっているぞ」

香山「実は大手は社長自らＩＲの説明をしている場合がほとんどで、社長以外が行うのはむしろ例外です」

社長「そうなのか」

奥塚「そのようです」

社長「でもアナリストだって、私より財務担当のほうが数字は詳しいんだから、そっちのほうがいいだろう。業績見込みばかりの質問に私が答えて約束したようになってはいけないと思って、それで財務担当常務にやってもらっているんだが、ダメなのか」

香山「実はＩＲには2種類ありまして、財務担当がすべきは『DEBT IR』といわれる負債、たとえば社債のＩＲの場合です。相手は格付機関や証券会社です。その目的は支払いの確実性の調査ですから、在庫とか回収とか詳細な内容になりますので、財務担当が適しています」

社長「**格付会社**や銀行への対応だな」

奥塚「そのとおりです」

香山「ところが、株主向けのＩＲを社長が対応するのは、将来の経営戦略を投資家が聞きたいからなんです。会社の責任者は社長しかいらっしゃらないわけですから、総責任者の口から直接経営戦略を聞きたいというのが投資家の気持ちです」

社長「そりゃあそうだが、さっきもいったように財務の数値や業績見込みの詳細を問い詰められても困るんだよ」

奥塚「ではいかがでしょう。財務担当とともに役割を切り分けられたら」

香山「社長には我が社の将来、つまり理想を実現するための方向性を熱く語っていただきたいのです。株主総会は決議事項を確実にこなす必要がありますから余裕はありません。対応を間違えると大変なことになります。しかし、ＩＲなら対応はこちらのペースで決められます」

社長「そうか、できるかなぁ」

奥塚「できますとも。熱くお願いいたします。シナリオは私どもが考えますから」

社長「うんわかった、よろしく頼むよ」

奥塚「承知しました」

（経営企画部会議室）

星名「部長、安請け合いして大丈夫ですか」

奥塚「大丈夫だよな、香山君。考えがあるんだろ」

香山「我が社は代わり映えしない経営体制で、しかも先細りの業績なので、あえていえば資本コストの導入でしょうか」

奥塚「それがあったな。資本コストならプロの機関投資家にとっては常識だからな」

香山「資本コストを軸にガバナンス体制を確立している会社も増えていますから。さらに社長も資本コストの理解が深まりますからね」

奥塚「いい考えだな。グッジョブだよ、香山君。プレゼン資料は頼んだよ」

【論点解説】

●IRは何のために〈その1〉

多くの上場会社はIR（Investor Relations：インベスター・リレーションズ）に力を入れています。ホームページ上に「投資家のみなさんへ」などのタイトルを入れ、決算説明会の動画や各種決算資料や株主優待制度などを紹介しています。特に業者が開催するＩＲセミナーなどに出展する費用は相応にかかることになります。それでもＩＲに力を注ぐのはなぜでしょうか。その理由は簡単で、ＩＲに力を入れている企業のほうがそうでない企業よりも株価が高いことがわかっているからです。さらに投資家に会社の理解が深まるので長期投資をしてくれる可能性もあります。

しかし、株価が市場で高くなっても、増資したわけではないので上昇分のお金が企業に入るわけではありません。それでも企業が株価を高めないといけない理由はすでに説明したとおりです。一つは、株主の財産価値が高まるので株主に喜ばれる、株主の信頼を経営者は得られるということです。次に、買収を図ろうとする者の買収コストを高めることになります。したがって、買収防衛策の第一歩は株価を高めることなのです。最後に、逆に買収しようとするならば、株式交換の手法を利用すれば買収コストは下がるため成果が出しやすくなります。

ただし、いくら形のうえでＩＲにお金をかけても中身が充実していなければ、アナリストから見放されることになります。アナリストが知りたいのは成長戦略です。ＥＰＳ（一株当たり利益）の伸びなのです。

●IRは何のために〈その2〉

アナリストが知りたがっている成長戦略およびEPSの伸びですが、「成長」「伸び」という言葉を正しく理解してください。

利益は上げている、でも前年度と同じなら、同額の配当は支払われるでしょう。仕入業者への支払い、従業員への給与、銀行への利子も滞りなく支払っているでしょう。しかし、この状態では株価を上げる原動力にはなりません。「成長」や「伸び」とは、対前年比で増益すること、利益の伸びなのです。

「利益＝売上－コスト」で求められます。利益を上げたければ、売上増加かコストを減少すればよいわけです。売上増加は販売部門の担当であり、コストは総務・生産部門の担当です。それぞれの部門がどのような戦略を持つのか、そのかじ取り、つまり全体戦略の中での成長シナリオをどう描くかを決めるのは社長です。下から上がってくる決裁書のチェックと承認だけでは成長シナリオを描くことはできません。各部門の実情を勘案しつつ、業界動向やマクロ環境、さらには金融証券市場との対話（アナリストや機関投資家）を通じて確かな道筋を示し、IRの場で社長のファンづくりをすることで、株主総会は負担にならないようになるでしょう。

●社長にとって一番長い日が株主総会

会社はだれのもの、というお題があります。法的には株主のもの、しかし、会社の運営者は経営者です。オーナー企業であれば所有と経営の分離はないので問題は起こりませんが、上場企業の場合は株式が公開され自由に取引が可能なため次のような問題が生まれます。

まず、利益の分配です。急成長を遂げ株価がぐんぐん跳ね上がっている勢いのある企業なら、株主は配当などせず再投資に回すよう翌期のバランスシートに積み上げることを望むでしょう。年度の利益を再投資に回す、いわば複利で成長させようとしているわけです。しかし、成熟期、または成長が止まり鈍化した企業では状況が変わってきます。経営者は実力以上に業績をよく見せようとします。

本書では、ライバル企業との関係から押し込み営業で辻褄を合わせました。この情報は、内部告発などがなければ株主が知ることはありません。つまり、所有と経営が分離している企業では、明らかに経営者は株主より会社の情報を多く保持しているのです。これを情報の非対称性があるといいます。

株主総会の決議事項は会社法で定められていますが、決算書（計算書）や配当の承認のほか、取締役の専任や解任、役員の報酬などの事項があるため、社長にとっては1年で一番長いと感じられる日ではないでしょうか。

●格付会社が行う格付けとは

皆さんは「ＡＡＡ」とか「ＡＡ」などは何のことかご存じでしょう。「バブル経済の頃、日本はＡＡＡだったんだよ」といった話を聞いたことがあると思います。これは正確には日本国債の格付けです。債券は、債権債務を証券化した証券のことです。元本（額面）や約束した利子（クーポン）の支払いが確実かどうか、その確率をわかりやすく表示したものが格付けです。

格付会社にはムーディーズやスタンダード＆プアーズ、日本系では（株）格付投資情報センターがあります。スタンダード＆プアーズでは、1992年の日本国債の格付けはＡＡＡでしたが、2001年にはＡＡ＋、さらにＡＡにダウンし、2002年にはＡＡ－、2015年にはＡ＋にダウンさせました。現在（2022年）もこのままです。Ａ＋は、今後の見通しは安定的に債務を履行する能力は高いが、上位2つの格付けに比べ、事業環境や経済状況の悪化からやや影響を受けやすい格付けであるとしています。

よく〝ジャンク債〟と呼ばれるのはＢＢ、Ｂ、ＣＣＣ、ＣＣで、ＢＢ以下の格付けは投機的要素が強く、投資対象には向かないといわれています。

さらに、同じ会社でも短期と長期では格付けが異なることがよくあります。それは期間を考慮した支払能力の違いを反映させているからです。

第7章 メインバンク制は機能しているのか

【ストーリー】

（経営企画部会議室）

奥塚「株主総会も無事終わって、社長も上機嫌だったな」

星名「香山さんプランの機関投資家へのじっくり対話やＩＲが功を奏したようですね」

香山「それほどでもないよ。社長は実は対話好きというのがわかったし」

奥塚「社長の誠実さを理解してくれたということだな」

香山「しかし部長、今年の業績はシビアなものになりそうです」

奥塚「そうなんだ。**資源国**での戦争は物価に直結するからなぁ」

香山「はい、財務部によると、営業が価格転嫁できないものだから利益率は相当下がっているようです」
奥塚「チキンレースか。社長が実質的に直接陣頭指揮を執っているのが営業だからな」
香山「このままでは来期の株主総会はかなり大変なことになりそうですよ」
奥塚「そうなんだが、覚悟のうえの価格据え置きだからなぁ。お諫めすれば雷が…」
星名「香山さん、手遅れにならないように御注進、申し上げる方法は何かないものでしょうか」
奥塚「財務部長からもコロナで売上が落ち込み、資金繰りが心配という話を聞いている。香山君、相談に乗ってやってくれないか。頼むよ」
香山「はい、財務部と相談してみます」

【解決策】

（財務部会議室）
財務部長「香山君、奥塚部長から聞いているよ。アナリスト資格を社内で初めて取得したんだってね」

香山「恐縮です」

財務部長「コロナで売上がひどく落ち込んでいるんだ。今後のことを考えると心配でね」

香山「**メインバンク**は何か言ってきているんですか」

財務部長「足元を見ているようで、**リスケ**したいそうだ。そして関連会社のほうは**信用保証付きの借入**に切り替えてほしいとも提案してきている。あと、**給付金**も積極的に活用しろとも」

香山「勝手なことばっかりですね。そのまま受け入れるのは癪なので、コミットメントラインの交渉をしてはどうですか」

財務部長「コミットメントラインか」

香山「コロナはいつ収束するかわかりません。資金繰りに失敗すれば大変なことになります。リスケを受け入れる代わりにコミットメントラインの保証料を安くするように交渉してみてもいいと思うんです」

財務部長「そりゃそうだな。メインバンクのくせして足元を見ているのは明らかだからな」

香山「そうですね。この際、**間接金融**だけじゃなく**直接金融**も考えて資金調達先を広げてはいかがでしょうか」

財務部長「そうだな。具体的には社債ということだね。超低金利だ。長めに10年社債でも１%で調達できそうだな」

香山「そうですよ。幹事証券と交渉すればいいじゃないですか。来期の業績は大変であることは部長もご存じのはずです。ピンチをチャンスに変えて調達の多様化を図りましょう」

財務部長「幹事証券とは数年前に増資したとき以来だな。相談してみるよ。今じゃなきゃできないことだな、たしかに」

香山「具体的には格付けが心配です。今年の株主総会では事前にアナリストと対話をしてきたので好印象で受け入れられましたが、来年は業績悪化が鮮明になりそうです。数字が見えたらアナリストも顔色が変わってくるでしょうから」

財務部長「格付けがシングルＡから下がればクーポンも高めにゃいかん。コスト高になってしまうからな」

香山「すぐに動くべきです」

【論点解説】

●資源国とは

２０２２年2月、ロシアがウクライナへ軍事侵攻したことで、資源国がクローズアップされました。ウクライナは穀倉地帯が広がり〝ヨーロッパの食糧庫〟と呼ばれています。ロシアの軍事侵攻で黒海をロシアが封鎖、制空権もロシア側のものとなったため、陸路（ポーランド、ルーマニアなど）での輸送となりました。しかも戦禍です。輸送はもちろん耕作もままならない状態です。さらにロシアからヨーロッパにパイプラインで輸出されていた石油、天然ガスもロシアへの経済制裁で制限されたため、石油高、資源高、さらにはコモディティの商品市況も原材料が高騰し、インフレとなりました。

各国は政治リスクがクローズアップされ、経営者にとってもロジスティクスの見直しを迫られています。原材料の高騰を商品価格に上乗せ可能な場合は利益率が確保できますが、価格転嫁できない場合は利幅が減少します。原材料を輸入に頼っている日本は資源国ではないので、その影響は大きいといえます。

一方で、諸外国はインフレを鎮めようと金利上昇に舵を切りました。日本は低金利政策を続けているため、２０２２年7月11日時点では金利政策を保持したままです。そうすると他国との金利差がさらに開くことになり、高金利の通貨が買われることで、円売りドル買いにより円安（110円↓150円）が急速に進みました。ドル決済で資源を輸入している日本は円ベースでは激的なコスト高で仕入れることになり、インフレの大きな原因となっています。資源国の通貨より輸出入国の通貨の価格のフレ幅が大きいのは当然のことといえそうです。

●メインバンクとは

メインバンク制は日本特有の商慣行で、主要取引銀行を決め、融資、手形、給与振込口座、年金支払口座、確定拠出年金制度など法人としての取引のほか、従業員の取引も含めて取引を優遇し、会社が苦境に陥った場合、追加支援を聞き入れ、場合によっては役員を派遣して経営改善を図る銀行との関係をいいます。

たとえば、三井、三菱、住友、渋沢、安田、鴻池などの旧財閥系企業グループが、戦後メインバンクをそれぞれの財閥の主力行、三井銀行、三菱銀行、住友銀行、第一勧業銀行、富士銀行、三和銀行としていましたが、1996年からの金融自由化により、みずほグループ（安田、渋沢）、三菱グループ（三菱、鴻池）、三井住友グループ（三井、住友）の3大メガバンクに経営統合されました。また、金融自由化により直接金融による資金調達が大企業の間で資金調達の手段として普及し、資金調達方法が多様化されたことでメインバンク制は薄まっています。

一方、中小企業の場合、社債による資金調達は調達コストの問題もあり現実的ではないため、メインバンクは依然として重要な存在です。本書では伝統ある城中興産はメインバンク制を採っており、メインバンクを重要視していましたが、それを打破して調達の多様化を進めようとしています。

●リスケと貸しはがし、信用保証付き貸付

日本もインフレが本格化する前段階が本書の経済状態です。金利が上昇すれば、企業にとって金利負担が膨らむことになります。その回避策として、長期固定金利に変更して金利負担を限定したいと香山は考えていますが、メインバンクはリスケジュール、つまり借入の返済計画を短期変動に見直してほしいと要求してきました。メインバンクに

とって長期で低金利を固定されると、インフレで金利が上昇した場合にリスクをかかえることになるためです。このような行為は、メインバンクとしての信頼関係をなくす行為です。給与振込口座から退職金制度である確定拠出年金制度までメインバンクに勧められた制度を導入した城中興産なのに、という反発が財務部にもあったと思われます。

かつて、バブル崩壊後、不良債権問題に苦しんだ日本の金融機関は自己資本比率を確保するため、貸しはがしを行いました。貸しはがしとは、返済の滞っていない、返済計画どおり返済している企業に対して、融資の減額を求めたり、返済期限の前に返済を迫ったりすることです。政府はこのような貸しはがしや貸し渋り行為を禁止するよう銀行に求めています。さらに、信用保証協会による保証を活用して、立場の弱い中小企業への融資を円滑に行うなどの施策を実施しました。

銀行が自己の保身を求めて貸しはがしを行った理由として、自己資本比率規制があります。ＢＩＳ規制と呼ばれ、国際間の取引（たとえば海外に送金）をするためには自己資本比率が一定以上でないと仲間に入れてくれないというものです。そのネットワークシステムをＳＷＩＦＴ（スイフト）といいますが、今般のロシアへの経済制裁で話題になりました。送金相手が倒産したら大変ということで規制するのは理にかなっていますが、だからといって正常に返済しているのに貸しはがしをされたのでは困ります。

●間接金融と直接金融

次ページの図のように貯蓄超過主体（家計）から投資超過（企業）へ資金を融通するのが金融です。この2者間で直接融通するのが直接金融であり、間接なのが間接金融です。

ここで皆さんは疑問に思われるでしょう。直接金融なのに証券会社という金融機関が介在していると。実は、証券会社はたしかに投資家に営業し社債の購入を勧めて手数料を得ているのですが、投資家の資金は直接社債を発行する会社の資金となります。借入ですから会社のバランスシートの負債勘定で「社債」ですね。

一方、間接金融は銀行が間に介在します。融資を銀行が審査して実行したら、会社のバランスシートの負債勘定で「借入金」として処理します。どちらも負債という資金調達ですが、間接金融は銀行の取り分（金利）があるので、直接のほうが本来コストは安いはずと気づかれたでしょうか。

直接金融と間接金融

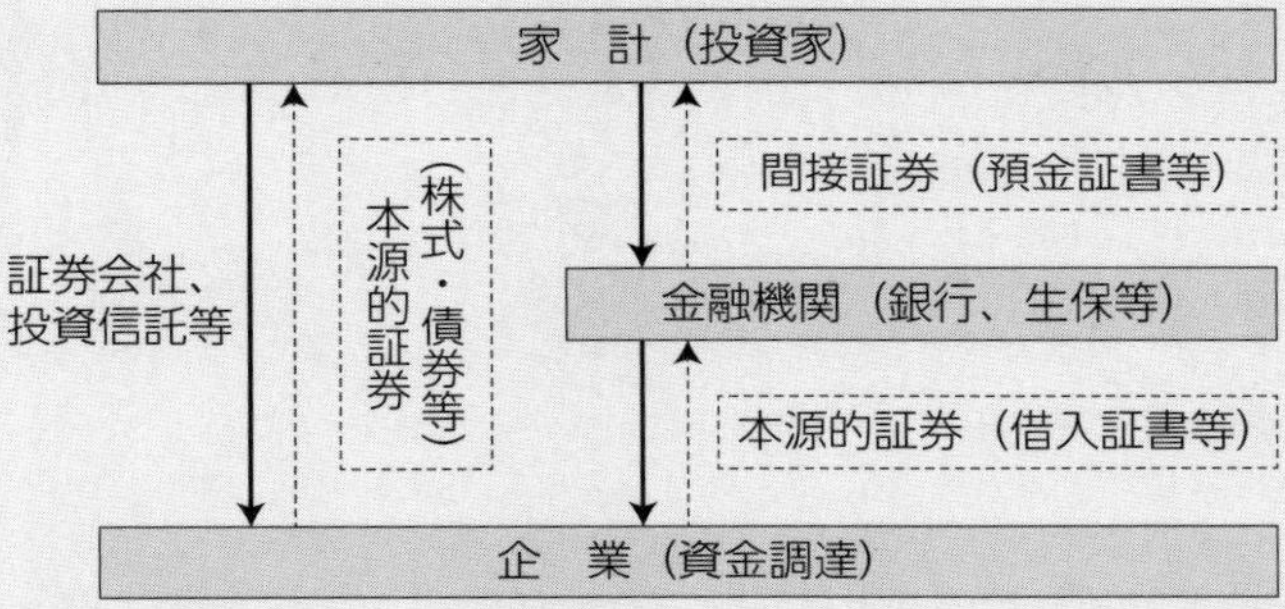

出所：公益社団法人日本証券アナリスト協会発行「証券アナリスト基礎講座テキスト第一分冊」p.13、2017年

また、体力があるときとないときとでは銀行の対応が異なるというのも理解できますね。そう、貸付は相対取引なのです。一方、社債の取引は投資家一般に情報が発信されるので、それぞれの投資家が決定権を持っています。つまり、投資家がその会社にクーポンという利子で直接貸し付けているので直接金融となります。投資家がリスクを理解しやすくするために格付けがあるのです。銀行が預金として調達した資金を銀行の名前で貸し付けている貸付とは本質的に意味が違うのです。

●幹事証券

一般的に幹事証券とは、株式を公開したり、社債を発行したりするときに会社に代わって売出しや募集を行う証券会社のことです。すでに発行している株式や社債を投資家に売るときは売出しといいますし、新規に発行する場合は新株や社債の募集というように区別しています。どうしてかわかりますか。

それはお金がどこに入るか違うからです。既存発行している株式や社債（既発債）はそれを保有している人に入ります。ところが新しく発行される株式や社債（新発債）は発行するのが会社ですから、バランスシートの右側、すなわち会社の資金調達です。創業利益というのは、会社設立時に出資した株式を上場して株式公開するときに、保有している株式を売り出して得た利益ということです。

さて、幹事証券の役割ですが、証券会社にとっては引受業務です。投資家に販売するための諸条件を決定していきます。いくらで販売するか、どこで販売するか（主幹事だけでなく多くの証券会社で取り扱ってもらいたいときは副幹事証券を追加します）などです。もし、売れ残りがあれば幹事証券は引き受けているわけですから、自己資金で購入することになります。株式公開（ＩＰＯ）の場合はさらに上場準備のための経営指導やその後の資金調達のサポートも行うので、城中興産も上場時の幹事証券に社債の発行をまず第一に相談しているのですね。

第8章 資金調達の多様化は成功するか

【ストーリー】

（財務部会議室）

財務部長「幹事証券に連絡したんだ。喜んでいたよ」

香山「そりゃそうでしょう。手数料が入りますからね」

財務部長「ただ、**格付**を取得するのに数百万円かかるみたいだ」

香山「社債発行金額によっては、費用がかかって採算が合わないかもしれませんね」

財務部長「各本部からの要求予算とコロナの影響でのキャッシュの落ち込みを加味して決めなきゃならんなぁ」

香山「経営企画部からは乾坤一擲のＭ＆Ａをお願いするつもりです」
財務部長「そうなのか。中身は極秘だろうが金額はどのくらいの規模なんだい」
香山「20億はかかりそうです。株価によっては30億ぐらいになりそうです」
財務部長「株式交換じゃダメなのか」
香山「これからのＩＲ次第ですが、これまでの状況だと株主の同意を得るのは難しいかと」
財務部長「この前の株主総会、資本コストの導入で予算統制するというのはアナリスト受けしたみたいだが」
香山「そうはいっても、まだ効果が見えていませんから」
財務部長「そうだよな。ここで資金調達の多様化をすればアピールできるな」
香山「そうなんです。どのくらいが社債発行の採算点なんですか」
財務部長「10億ぐらいだとダメだそうだ」
香山「日本は間接金融が中心ですからね。まがりなりにも当社はプライム上場していますから、資金調達もグローバル化する必要があります。銀行頼りの調達を見直してもいい時期です。一部借り換え資金にも当てはめますか」
財務部長「それも考えている。銀行はリスケで長期資金を出し渋っている」

香山「そうですね。日銀は金利を上げないと言い張っていますが、世界中、**インフレ**対策で金利を上げているときに上げないのは日本だけですから」
財務部長「そうだな。日本はまたガラパゴス化だよ」
香山「私は個人的には日銀の姿勢も総裁の交代で軟化すると思っているんですけどね」
財務部長「物価は上がっているが、日本はデモが起きるほどではないからな。円安だし輸入企業が価格転嫁できれば問題ないわけだ。金利を上げて景気を冷やすことを選挙前にするわけがない。ところで我が社の資金調達戦略だが、どうしたらいいと思う」

【解決策】

香山「金利を上げないという主張も、喉元過ぎれば、ですよ。円安対策で金利を上げるのは筋が通っています。**円安悪玉論**であれば金利は上げますよ」
財務部長「金利が上がれば社債の魅力はますます増加するな」
香山「期間10年、利率1％でどうですか」
財務部長「そうだな。銀行は短期化して金利変動リスクを下げるつもりだ」
香山「我々は長期固定の社債発行で行うんですよね。格付けはどのくらいになりそうですか」

財務部長「Aぐらいでなんとか行けそうだ。本当は+を付けたいところだが…」

香山「BBBだと、下がればBBでジャンクになりますからね」

財務部長「借り換えも含めて400億ぐらい調達すれば、仮に格付けで2000万円かかっても0・5%だから、クーポン1%としても10年間、1・5%で固定できる」

香山「銀行金利のほうが少し安いですが、金利上昇を考えると魅力的ですね」

財務部長「金利環境が変わる前に間に合えばいいんだが」

香山「急ぎましょう」

【論点解説】

●格付けはどうして必要なの？　ジャンク債って何？

社債を発行するにあたって、募集形態には私募と公募があります。私募は相手がプロ向けの「プロ私募」とそうでない「少人数私募」に分類できます。規制が厳しいのが公募で、少人数私募、プロ私募の順に厳しい条件があります。少人数とは50人未満で縁故者に発行することです。公募の場合は格付けを取得する必要があります。

本書の城中興産の場合、上場会社ですから有価証券届出書は作成しているはずなので、あと必要となるのは社債発行の目論見書を追加で作る程度です。これも幹事証券がサポートしてくれるので難しい作業ではありません。

問題なのが、格付け取得で格付けがどうなるかです。格付会社はスタンダード&プアーズ、ムーディーズ、フィッチが有名ですが、日本にも株式会社格付投資情報センター（R&I）、株式会社日本格付研究所（JCR）があります。AAA（トリプルエー）とかAA（ダブルエー）という言葉は格付けの表現で、BBBまでが投資適格であり、それ以下のBB、BやC、Dなどは投機的であると見なされます。格付けが高いほうがクーポン（金利）は小さく、格付けが低い、つまりジャンク債への投資は金利が高くなるので投機的といわれるのですね。

公募対象が日本の企業で、募集する相手が日本人であれば、国内企業に精通している日本国内の格付会社のほうが適していると思います。社債発行を検討している城中興産にとってはクーポンレートが調達コストなので、格付けが高いほうがよいのはおわかりですね。格付けは債務返済の確実性の指標なので、企業の成長性はあまり問われません。

それよりも自己資本比率が高く、財務体質が堅実な城中興産は良い格付けを期待できると思われます。

●円安悪玉論

日本経済新聞の朝刊に興味深い、かつ、よく整理された記事がありましたので、一部抜粋して以下に紹介したいと思います。

その前に、よく「円安、円高」といいますが、これは不適切な表現で、「円安ドル高、円高ドル安」と表現してください。どうしてかというと、２つの通貨間のことなので、円安だけでは円安ドル高なのか円安ユーロ高なのか、はたまた円安ポンド高なのかわからないからです。ドルが高いときにユーロもポンドも高いとは限りません。為替を専門にしている人は、それぞれの国の経済情勢によって自国通貨が相手通貨にとって相対的にどうなのか気を遣って情報収集しているのです。ただ今回、具体的には米国の金利上昇によって（インフレ対策）、世界各国が金利を上昇させました。日本を除いてです。円のみ全面安、さらに日銀の〝金利上昇させない発言〟と〝無制限国債買い入れ宣言〟

で円安容認とも捉えられ、一方方向の円安が続いています。20年ぶりに1ドル136円となりました。この経済環境下での記事です。

外国為替市場で円安が進み、円相場は5月にかけて一時1ドル＝131円台と20年ぶりの水準に下落した。円安は経済にプラスというのが常識だったが、今回は資源高も重なり、「悪い円安論」が勢いを増している。『円安が日本を滅ぼす』（野口悠紀雄著、中央公論新社、2022年5月）は「円安政策こそが日本経済衰退の基本原因」と唱え「中国工業化への対処の誤り」を指摘する。技術革新で差別化を図るべきだったのに、価格で競う「安売り戦略」を選び「国内の賃金を抑え、かつ為替レートを円安に誘導した」。円安の問題は「企業が技術開発をしたり産業構造を改革したりしなくとも利益が増えるため、変革が実現しないで済んでしまう」点にある。「通貨安を求めず、技術を高度化した」韓国や台湾を例に変革の必要性を説く。

悪い円安論に真っ向から反論するのが『「安いニッポン」が日本を大復活させる！』（武者陵司著、ワック、22年3月）。日本を苦境に陥れたのは「実力がないまま円高になった悲劇」。強すぎる産業競争力が災いした「『アメリカの日本叩（たた）き』があり、これが円高を引き起こし、デフレの長期化をもたらした」という。超円高は台湾や韓国、中国の「競争力を過度に高めた」が、日本叩きは米中対立で終わりを告げ、円高は収束したとみる。円高期に苦しみながら進めた「高コスト構造の是正」をテコに日本経済の競争力は一気に高まり、賃金も上昇すると踏む。（中略）円安の善悪を巡る議論は視点や立場によってすれ違いやすい。産業競争力や資産運用を含む幅広い知見の蓄積が今後も求められる。

（出所：日本経済新聞、２０２２年5月28日付朝刊）

さあ、読者の皆さんは今後の日本経済にとってどちらの立場に賛同しますか？

第9章 100年に一度のパンデミック、業績は悪化する、止血が大切だ

【ストーリー】

コロナが収束しかけ希望が見えかけたと思われるなか、ライバル企業である神山物産の追い上げで城中興産では社内改革が始まった。そのような状況下、ロシア・ウクライナ紛争の長期化で石油高、資源高、インフレなど世界情勢の変化は日本経済に深刻な事態を招きかねない。

社債発行で長期資金の調達に成功した城中興産だが、足元では来年度の業績が深刻な状況に置かれている。

（社長室）

奥塚「……。社長、以上が来年度の株主総会の日程です」

社長「そうか。今年はＩＲでアナリストと対話しているから、総会は問題なく進められたよ。これからも頼むよ」

奥塚「それが実は、来年度は厳しい決算になりそうなのです。原材料や物流コスト、さらには円安で打撃を受けているということです。詳細については財務部長から説明させていただきます」

財務部長「当社は原材料の輸入為替レートを１１０円で設定していました。ところが米国のインフレ懸念からのドル高で今では１３２円、想定から20％増加しています。また、ウクライナの戦争で穀物も30％上昇とダブルパンチです」

社長「結局何なんだね」

奥塚「来年はかなり厳しい総会になると予測されます」

財務部長「増収増益ならいいのでしょうが、価格転嫁すれば売れ行きに支障がでるでしょうし、利益率も低下するかと。よくて増収減益、消費者のマインドが冷え込めば減収減益になるかと」

社長「なんとかならんのかね」
奥塚「至急、対策を考えて提案させていただきます」

【解決策】

（後日、社長室）
奥塚「それでは早速説明させていただきます。香山君」
香山「はい。円安による原材料の高騰、ウクライナ紛争による原材料の高騰、物流の混乱の影響は我が社だけではありません。この点はアナリストも考慮に入れてくれると思います」
社長「そりゃそうだな」
香山「ただ、漫然と待ちの姿勢で受け入れるのではなく、経営努力をどれだけしたのかということが評価の対象となります」
奥塚「その工夫をアピールすることがこれからのＩＲの目玉になると思います」
社長「具体的には何をやればいいのかね」
奥塚「香山君、具体策を」

香山「為替は先物やオプションを利用してヘッジすること、原材料の仕入先を多様化すること、さらに業績が低迷する状況だと一時的にハードルレートを変更することも考えられます」
奥塚「香山君、デリバティブはリスクがあるだろう。危険だと聞いているぞ。訴訟になった企業もあるくらいだ」
香山「ヘッジ利用であれば問題ないと思います」
社長「仕入先の変更は営業にも筋を通さなきゃならんな」
奥塚「もちろんそうです。しかし、一時的な危機状況ですから飲み込んでもらわないと」
香山「米国金利の上昇に続き、日本もインフレで金利が上がるような状況になれば、ハードルレートは上昇すべきです」
奥塚「資本コストの式から考えれば、リスクフリーレートが上昇するから当然だよな」
香山「ですが、縮小均衡させるのが得策か、増収を守るかの選択肢です」
奥塚「難しいかじ取りですね。社長」
社長「そうだな。率の経営か額の経営か、どちらを優先するかということだな」
奥塚「どうでしょう。機関投資家やアナリストと対話してみれば」

社長「わかった」

奥塚「では次週の経営会議で現状認識を報告して、経営課題を役員と共有することにします」

【論点解説】

●為替は何が決定するのか―アセットアプローチ

為替の決定要因を探るうえで、特に、短期の外国為替相場において短期の資本取引が支配的だと考えれば、為替レートは金融資産（アセット）の需給によって決定するというのがアセットアプローチです。

2020年、米国はコロナ禍で大量の資金を国内の生活貧困者、中小企業者に供給し、景気を維持するために超低金利政策を採っていました。コロナ終息が見えかけた2021年、資金供給策である資産買い入れを減少、停止させ、金利水準を以前の2%水準に戻すため金利上昇のタイミングを計っていました。その矢先、2022年、ロシアがウクライナに侵攻し、ロジスティクスの混乱、中国の都市閉鎖による経済活動の停滞など、資源価格が上昇、インフレとなりました。

その対策としてＦＲＢは政策金利を上げることを決定、通常では０・２５％のところをその３倍の０・７５％と一気に上昇させるなど強い姿勢を見せました。このことで日米の金利差が大幅に開き、円を売ってドルを買う動きが明確となり、20年ぶりに１ドル１３６円となりました。この急激な変化への対処として、為替ヘッジのため、先物やオプションの利用が検討されることになりました。城中興産は原材料を海外から購入し、国内工場で加工して国内市場で販売しています。原材料は外貨建てで購入しているので、１１０円が１３２円に上昇すると、原材料価格が為替だけで20％上昇することになります。

●為替ヘッジ

為替による価格変動の損失を避けるため、通貨先物取引やオプション取引を利用します。

まず、先物の利用について、解説しましょう。為替レートには「直物為替レート」と

オプション取引の損益図、4つの基本形

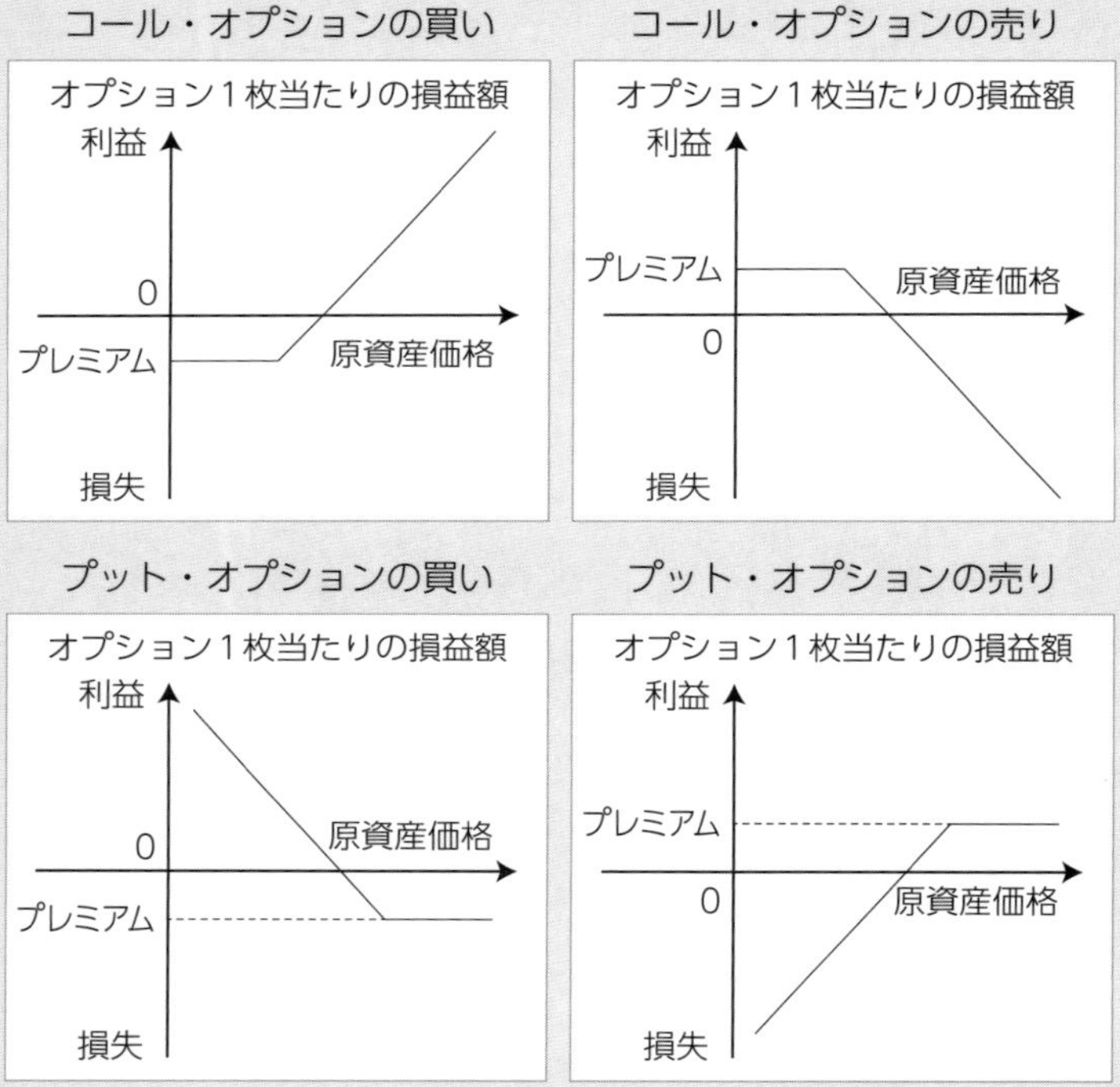

出所：公益社団法人日本証券アナリスト協会発行「資産運用・管理の基礎知識」p.158、2019年

「先物為替レート」があります。現在の為替レートがマーケットの取引で決定され表示されています。テレビ等で報道されているレートのことです。

先物為替レートは、将来取引する価格をあらかじめ現在時点で決めることで価格が決定されます。その価格はどのように決定されるかというと、期間と金利差によって理論的な価格が計算でき、相対取引なので、さらに相場の変動率を加味するかどうかということになります。期間とは、どのくらい先か、３か月なのか６か月先なのか、９か月、1年なのかということです。金利とは日米短期金利の金利差です。金融取引には裁定が働くので、うまい儲けなどないと思ってよいでしょう。ただ、将来の価格を現在で決定できるというメリットがあります。

次に、通貨オプションを利用する方法です。オプションとは権利のことで、権利の売買となります。種類は2つ、「コール・オプション」と「プット・オプション」です。コールは買う権利で、プットは売る権利です。それぞれ「買い」と「売り」があります（コールの買い、コールの売り、プットの買い、プットの売り）。

「買い」の場合、権利を行使するか放棄するかを選択します。売った人は、買った人が権利行使すると対応する義務があります。放棄の場合は対応する必要はありません。

売り手は買い手が行使しようが放棄しようが、どちらにしてもオプション料を受け取れます。

オプションは権利の売買で、コールでもプットでも買建てる側は売建てる側に代金としてオプション料を支払います。そして、取引を清算する3月、6月、9月、12月限のそれぞれ権利行使価格と成立している取引のプレミアム価格を参考に取引することになります。勘のいい人は気づいたと思いますが、ポイントは、どちらのオプションにしても買建ては自分が見通しを間違ったとしたら権利放棄すればオプション料、つまりプレミアムを支払うだけで取引を終了できるということです。損害を限定できる、いわば保険を買っているのですね。売建ては、とことん買建ての権利行使に付き合わなければならないので、損害は無限大となることに注意が必要です。

●為替は何が決定するのか―購買力平価アプローチ

為替の決定要因の代表的な理論として購買力平価理論があります。ビッグマック(マクドナルド)で有名ですが、これはそもそもその国の購買力全体を表しているわけでは

『The Economist』によるビッグマック指数（2022年1月）

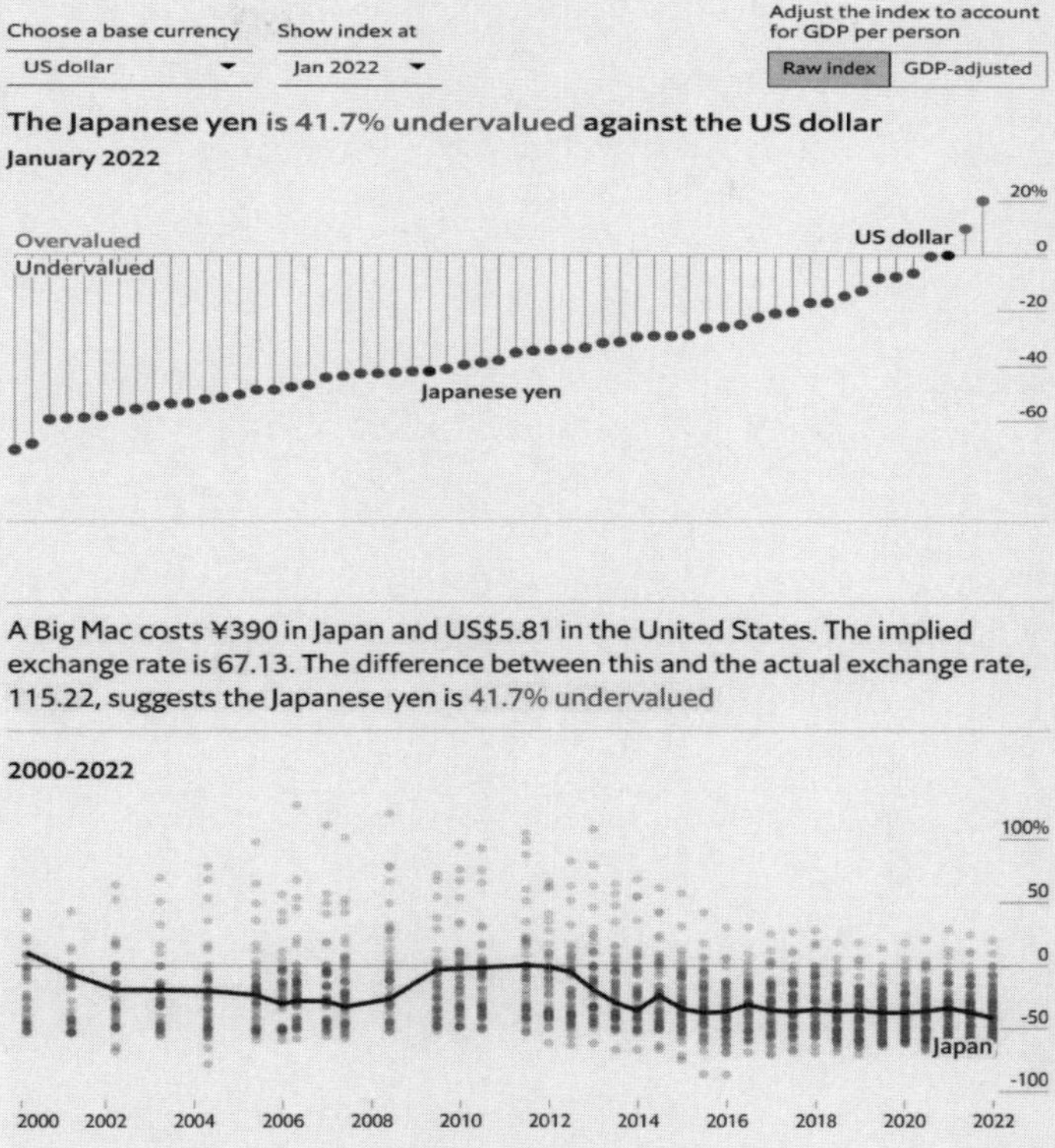

ないので注意してください。ただ、わかりやすいので人々の直感で理解しやすいといえます。イギリスの『The Economist』(エコノミスト)が毎年1月と7月に公表しています(https://www.economist.com/big-mac-index)。2022年1月のデータを引用すると以下のとおりです。このレートは41・7%、円が安くなっています。ビッグマックの価格により購買力平価で換算すれば、本来ならば67・13であるべきだということです。やはり、ビッグマックは一つの商品でありその国の購買力全体を表しているわけではないからでしょうか。

それにしてもこのグラフを見ると、ロシアのマイナス70・0%からスイスの20・2%まで90%の振れ幅があります。ロシアのマイナス70・0%やトルコのマイナス69・9%は特殊事情がありそうですが、マイナス50%台には香港、台湾、南アフリカ、インド、マレーシア、インドネシアがあり、やはりこの数値から為替を議論することは適切でないように思えます。

一般的には、固定相場制だった為替レートが変動相場制に移行した1973(昭和48)年を基準年として消費者物価(CPI)と輸出物価ベースで基準値が計算されますが、やはり同様の振れ幅になるため、購買力平価は長期的な均衡のトレンドを示すと考えるのがよいでしょう。

１４１ページの下のグラフ（２０００年からの推移）を見ると、２００９年から２０１３年まではドル・円レートは適正となっています。ただし、この時期を思い返していただきたいと思います。２００７年：米国サブプライム問題顕在化、２００８年：米国リーマンショック、２００９年：ギリシャ危機、２０１１年：欧州危機深刻化（スペイン・イタリア）という、欧米の危機のため退避資金が円への投資として実行された時期であり、平常ではありません。

第10章 パンデミックのようなときこそ、長期的な展望を持て

【ストーリー】

（都内某所・著名アナリストとのミーティングにて）

奥塚「本日は著名なアナリストである長野さんに対応いただけてありがたいです」

長野「わざわざありがとうございます。本日のご訪問はどのような内容ですか」

奥塚「実はこのところのコロナ、ウクライナ、為替で頭を痛めていまして。特に原材料を海外に頼っている我が社としては業績にも影響します」

社長「当社はＩＲにも力を入れ、市場との対話が重要と考えており、どのような対応がよいのか、アナリストから見てこの難局にどう対処するのがよいかお聞きしたいと」

長野「消費マインドが冷え込み、売上に影響するのは問題です。どこのセクターがこれから成長するのかは我々の最大の注目ポイントです」

奥塚「たしかに。そうそう、彼は我が社唯一の証券アナリストです。香山君」

香山「香山です。初めまして。今のお話で、アナリストのヘッドのお立場であればそのとおりですが、個別の立場からはライバルとの競合の中で勝ち抜いていくために…」

社長「まあまあ、香山君、まずは長野さんの現状認識を聞かせていただこうじゃないか」

長野「まずコロナですが、我々の最大のクライアントである機関投資家の皆さんにはコロナのような**パンデミックは絶好の買い場**であるとお話ししました。中国武漢閉鎖の頃、2020年1月です。買いのためにキャッシュポジションを高めていただきました。その後コロナが世界的に蔓延し、各国の対応がバラバラになりました。共通にいえるのがワクチン依存でした。中国や日本はマスク効果があり、それほど、といっても欧米に比べてですが、問題にならないほどに抑え込まれました。欧米は罹患者の浸透とワクチンで経済は回復しウイズコロナを実現しました。中国はゼロコロナ政策が一時は評価されましたが、コロナウイルスが脆弱化したあともゼロコロナ政策の堅持で、世界の工場が稼働しないリスクを表面化させました。経済より政治優先ということです」
社長「そうでしたね。コロナでずいぶん株価は下げましたね」
長野「そう、だから買いのためにキャッシュポジションを高めていただいていたんですよ」
香山「そうか、キャッシュがなければ買えない」
長野「次にウクライナです。ウクライナもロシアも資源大国です。中国は世界の工場、これらが機能不全になると物価が高騰します。米国は中間選挙ですからインフレ退治は必須です。そのことはFRBの議長人事で明白です。雇用が回復すれば金利を上げます。このことは2021年の末には明確になっていました。しかし為替は115円近辺で停滞していました。本当なら125円でもおかしくなかった。その裏には資源国での問題、つまりロシアによるウクライナ侵攻があります。この侵攻が長期化するなかで物流問題から輸入超過になっていた日本は貿易赤字となり安全神話が崩れました。さらに日銀の低金利政策の堅持です。金利差はまだまだ開き、急激な円安を生んでいます」
社長「米国でのインフレが止まらないからですか」
長野「そうです。バイデン大統領に選ばれたFRB議長ですから」

社長「本来なら2021年の1月には対策が必要だったんですね」

長野「そうです。時間は戻せません。でも未来は変えられますよ」

奥塚「ぜひ、ご教示をお願いいたします」

長野「御社の戦略ですから、私が答える内容ではありません。が、まずは現状を御社の立場で整理されたらいいんじゃないですか。それができればこれからの戦略が見えてくる。長期ビジョンと短期ですべきこと、いや、できることをしっかりと認識することです」

社長「為替ヘッジですか」

長野「香山さんがいるのですから、場当たり的ではなくね。もちろん金融でお手伝いできることがあれば系列の証券の営業へどうぞ」

社長「今日はありがとうございました」

長野「一度、社内で御社の観点から整理してみてください。香山さんのような証券アナリストもいらっしゃるんだから。香山さん、次回はぜひアナリストとしてご来社ください」

（城中興産社長室）

社長「肝心なことを聞けなかったなぁ。整理しないとだめだな。香山君、長野さんに気に入られているようだから、整理できたらまた質問できるんじゃないか」

奥塚「早々に整理してご報告いたします」

【解決策】

（経営企画部会議室）

奥塚「整理を急ごう」

香山「長野アナリストへのヒアリング内容を、次ページのような表でまとめたらいかがでしょうか」

奥塚「じゃあコロナから始めようか。減収減益の責任逃れからか、営業担当からはリベートを復活しろといってきている。ハードルレートも一時棚上げにしてくれと」

星名「火事場の焼け太りですか」

香山「必要なら棚上げにしてもいいと思っています。でも、なし崩し的な対応はしたくないですね」

		日本共通	我が社特有
コロナ	消費低迷 失業者増加		
ウクライナ	資源高騰 物価高騰		
中国	物流 ゼロコロナで都市封鎖 生産能力低下		
米国	withコロナで物価高騰 雇用増加・賃金増加 金利さらに上昇でドル高		

奥塚「そうだな。営業能力はこんなときにこそ本来は発揮するものだしな。商品が良くて人気なら営業努力なんか要らないものな」

星名「そのとおりです」

香山「コロナもウクライナもインフレもすべて、全国的にも当社にとってもアゲンストです」

奥塚「問題はライバルの神山物産の動向だな。神山物産が伸びているのに我が社はダメなら責任を問われるなぁ」

星名「追随、追随では追いつけません」

香山「やるべきことを確実に実行することです」

奥塚「何から手を付ける？」

香山「今すぐ対処すべきは、物流と為替ヘッジだと思います。どちらにしても原材料を確保しなければ製品化できず、商品が販売できなくなるので」

奥塚「物流は財閥系列ではない我が社の強みだな。神山物産は系列以外からの調達は無理だから。為替は社長の許可が必要だ。ナーバスだから。財務部とも打ち合わせをして根回ししてくれ。あと、生産なんだが、ちょっと問題があってな。ここだけの話だが、密告があったんだ」
香山「密告ですか。どんな？」
奥塚「不正だ。内容は、ハードルレートをクリアするために子会社の仕入値を操作しているということだ。当然その分、子会社にとっては赤字が拡大する。裏帳簿では深刻な赤字で再生不能となっているらしい。こんなときなので、香山くんはこのＩＲの問題に専念してもらい、星名君、君が秘密裏に調査してくれ」
香山「そんなことが…。ハードルレート導入時の懸念事項でしたけども」
星名「財務は知っているんですか」
奥塚「財務部長の直接案件として調査中だ。星名君、本件は財務部長と直接話してくれ。社長には調査のめどが立ってから報告することになっている」
星名「承知しました」

現状認識と今後の予想		日本共通	我が社特有	我が社の戦略
コロナから アフターコロナへ	消費低迷	○	○	①国内と海外のバランス
	低賃金継続	○	○	④生産拠点の多様化、国内シフトも
	インフレ波及	○		⑤高付加価値製品化か価格競争力
ウクライナ侵攻 →政治リスクへの対応	資源高騰	○		
	製造コスト高騰	○	○	②供給調整の弾力化
中国 →政治リスクへの対応	物流	○	○	③地産地消体制で物流コスト削減
	ゼロコロナで都市封鎖	○		
	生産能力低下	○	○	④生産拠点の多様化、国内シフトも
米国	withコロナで物価高騰	○	○	①国内と海外のバランス
	雇用増加・賃金増加	○		②供給調整の弾力化
	金利さらに上昇でドル高	○	○	⑥為替ヘッジの活用

（社長室）

奥塚「宿題の対応策がまとまりましたので、社長のご意見を伺いたく報告に参りました。香山君、社長にご説明を」

香山「はい、この表をご覧ください。長野アナリストの外部環境の説明をまとめました。左側が長野さんへのヒアリング内容で、右側が当社のとるべき方向性です。真ん中に我が社への影響を記しています」

社長「日本の影響はほとんど我が社へも影響するなぁ」

香山「そうなんです。コロナは全世界に大きな影響を与えましたが、各国の対応が別々なのでそのことを考慮しています。我が社の戦略のうち、①国内と海外のバランス、②供給調整の弾力化、③地産地消体制で物流コスト削減がそうです」

社長「①国内と海外のバランス、③地産地消体制で物流コスト削減は理解できる。地産地消とは国内だけでなく海外もということだろうが、②供給調整の弾力化はどういう意味だ」

香山「今、自社工場や系列関連会社の製造工場がありますが、それらはコストの面から自由度が効きません。機動的な生産調整ができないのです。これを弾力化したいとい社長「日本では雇用調整は最後の手段だからなぁ。我が社も派遣比率を高めているが、欲しいときに適した人材が集まらないと生産担当の役員がぼやいていたなぁ」

香山「そこで**世界調達**と**ファブレス経営**がキーワードとなります」

社長「ファブレス？　おいおい、生産拠点をすべて閉じるということか」

香山「いえ、すべてではなくキーとなる部分のみ残し、ほかはファブレスで世界調達するということです。販売についても生産とマッチングさせ、①国内と海外のバランスをとり、世界での③地産地消体制を進めることで物流コストを削減します」

社長「一石三鳥を狙うわけだ」

奥塚「そのとおりです。我々が総力を結集して考えた戦略です。これを実行することが我が社が世界的企業になるための第一歩となります」

社長「たしかによく考えられた案だな。ただ、実行に移すとなると社内の調整が大変になるぞ」

奥塚「社長が具体化のための案を考えろと指示していただければ、早急に対応いたします。具体的には、香山君」

香山「たとえば、ファブレスを実行するにあたり、どこを残し、どこを切り離すか、また、ファブレスの成功事例のキーファクターを考えて参ります」
社長「そうだな。この件は極秘裏に対応してくれ」
奥塚「社長、こちらからも極秘裏にお話ししたいことがあります。のちほど財務部長とともに参りますので、よろしくお願いいたします」
社長「何だ。またややこしいことは勘弁してくれよ。夕方からなら時間が空いている。待っているよ」
奥塚「ありがとうございます。それではのちほど」

【論点解説】

●パンデミックは絶好の買い場

投資家の間で知られるマーケットの現象として〝オーバーシュート（行き過ぎ）〟があります。買われ過ぎとか売られ過ぎという表現で表される相場の状況です。この言葉の意味を考えると、価値が変化して売られたり買われたりするのだが、この水準であるべきところ、それを超えて売られ過ぎたり買われ過ぎたりするということです。本来の水準とは理論価格であり、需要と供給で決定する価格はその理論価格をはみ出してしまうのが常であり、そこで、行き過ぎた水準は短期間で改善されるのだからこの機会を捉えればキャピタルゲインが狙えるということです。

パンデミックはオーバーシュートが起こる典型的な事例です。新型コロナによって世界はパンデミックに陥りました。２０１９年11月、原因不明の肺炎患者が中国武漢市で発生し、２０２０年1月に原因が新種のコロナウイルスと特定され、武漢では都市閉鎖が起こりました。市場はパニックになって売り注文が殺到し、オーバーシュートが起こりました。この状況下で投資家はその違いを鋭く見抜きました。

２００８年9月に発生したリーマンショックでもオーバーシュートが起こりました。リーマンショックは、投資銀行がサブプライムローンでの投資失敗が原因で、その損失穴埋めのため金融機関の資金需要が逼迫することを恐れていました。つまり、金融発のリセッションです。

このときＦＲＢがどのように対応するのか、金融機関を救うのか、救わない金融機関はどこかと話題となりました。その結果は今日では明確です。シティバンクは救い、リーマンは救わなかったのです。これは理にかなっています。シティバンクの顧客は一般市民です。銀行の持つ信用創造機能、資金決済機能などは市民生活に関係します。それに比べ投資銀行業務が主軸のリーマンは、資金の豊富な富裕層が顧客です。顧客層とその広がりで明暗を分けた結果となりました。

今回のコロナによるパンデミックはまさに買い場でした。対象は一般市民、その原因は未知のウイルス。結果、税金を投入しても批判が生じることはありません。むしろ投入しなければ批判されていたでしょう。ただ、貸付は返済義務があり、今後の経済動向が気になるところです。

●香山が描くファブレス経営の効果

ファブレスとは、Fabrication facility less の略語で、〝製造施設を持たない〟という意味です。自社で行うのは商品企画、製造企画で、商品の製造は行いません。自社ブランドでの販売は続けますが、製造は委託会社に委ねようと香山は考えたのです。その理由は、自社で生産すると製造コストが高くつくと判断したことが挙げられます。

製造設備、その維持費用を抑えるため本社とは切り離して製造子会社を作ったのがかつての経緯だったのですが、今回、資本コストの導入を逆手にとって不正が行われました。子会社であれば本社と人件費を別体系にできるため人件費は削減できたのでしょうが、経営者は本社から派遣されているので本社の言いなりで不正が起こったのです。子会社の従業員のモラールダウンもあり、香山にとっては高松工場勤務の経験から、子会社の工場はどうしてこんなに意識が低いのか、その原因は経営、つまりガバナンスにあったと考えたようです。

子会社を売却することで、連結財務諸表のＲＯＡが向上する効果もあります。工場施設は有形固定資産ですから、売却することで資産が減少します。売却で現金が入り、その現金で借入金を減らせばバランスシートのスリム化ができます。財務上もＲＯＡの向上はアナリストから評価される要素です。

一方でリスクもあります。それは製造を委託した先であるファウンドリ（Foundry）企業が思ったとおりの価格で質を保ちながら製品を作り、納期を守れるかです。そのために香山は慎重に事を進めました。子会社の城中製造から中核社員を選び、本社に出向させていたのです。製造についての知見や人脈もない香山が頼ったのは、不正を働いた生産本部の竹内部長でした。竹内部長を子会社の社長に就任させたのも、香山が奥塚経営企画部長に頼んだからでした。おっとこれは次章のお話でした。

●ファブレス経営とOEMの違い

皆さんの中には、「ファブレス」はつい最近できた新しい経営方法だと思われている方もいらっしゃるでしょう。実は1980年代に米国シリコンバレーで生まれた生産方法です。シリコンバレーといえば多くの起業家を生み出した街です。スタンフォード大学やアップルの新本社のApple Park（アップルパーク）があることでも有名ですね。やる気のある起業家を育てる街ですから、会社をつくるためのサポート人材が多くいます。もちろん、弁護士や会計士はスタートアップ企業に関わることで、成功すれば大きな報酬となることを知っています。ただ、いいアイデアがあっても製品製造を製造設備から作っていては資金が足りません。そこで生まれたのがファブレスの考え方でした。

ただ、ここで注意していただきたいのは、ファブレスとOEMは異なります。OEMは依頼先のブランドで製造するのが前提ですが、ファブレスのファウンドリは製造過程を委託されているのです。たとえば、アップルは中核技術の開発は自社で行い、付加価値の低い製造部分はファウンドリ企業に任せています。キーエンスは、企画開発と営業に特化し、営業でのニーズ調査から革新的な製品を生み出しています。任天堂も、商品企画と製品検査は自社で行っています。ＯＥＭの発想ではできないことですね。

第11章 不正発覚、生産本部は解体へ。ファブレス化へ経営の舵は切られた

【ストーリー】

（夕刻の社長室）

奥塚「社長、先ほどの件です。財務部長と私で参りました」

社長「極秘の話とは何だ」

財務部長「はい、子会社の城中製造から内部告発がありました。本社との取引で、不当に廉価の仕入値で納入させられているとのことです。そのため、城中製造は赤字続きでリストラせざるを得ない状況だと」

社長「なんだと！」

奥塚「問題の発端は生産本部の伊丹執行役員らしいです」
社長「なんでそんなことを。伊丹君はしっかり管理していたんじゃないのか。押し込み営業と同じじゃないか。会計監査で問題が発覚したらどうなるんだ。当社の信頼は地に落ちるぞ」
財務部長「どうも資本コスト導入がきっかけじゃないかと」
奥塚「それはないんじゃないですか。導入の趣旨は香山君が各部を回ってきっちりと説明しています。生産本部だけじゃないですか、こんな不正は」
財務部長「すみません。単なる憶測です」
社長「そんなことはどうでもいい。問題が大きくなる前に対応しなければならんぞ」
奥塚「この際、ファブレス化と一緒に生産本部を解体したらどうでしょう」
財務部長「工場を売却すれば資金の手当てが楽になります」
社長「リストラはやりたくないんだがね」
奥塚「更地売却ではなく、工場施設と人をセットで買い手を探してみることもできます」
財務部長「なるほど、単なる売却ではリストラが伴います。M&Aによる売却ならキャッシュも入るし、リストラも不要ですね。伊丹執行役員はどうするんですか」

社長「責任を取ってもらうよ、当然だ」
財務部長「ただ、財務部ではM&Aのノウハウがありません」
社長「資本コストの導入がきっかけなんだろ。経営企画にも責任を取ってもらうよ」
奥塚「はい。しかし、売却するには資産査定なども必要ですし、従業員の雇用確保を売却条件としても、人材の調査を行ってファブレス経営に必要な人材は本社で抱える必要があります」
社長「香山君に城中製造に行ってもらえばいいじゃないか」
奥塚「ただ、売却先の交渉もありますし」
社長「君は人材の育成はやっていないのか」
奥塚「そんなことはありません」
社長「まあいい。とにかく香山君に行ってもらってくれ。入谷君からも香山君についてはいろいろと言われているんだ」
奥塚「営業担当の入谷常務ですか」
社長「そうだよ。彼はこの機会に資本コストをなくそうと画策している。でも私はIRで投資家に話している。今さら後戻りできないのは君もわかっているだろう」

奥塚「そういうことですか。承知しました」
社長「香山君にとっては正念場だな。成功すればまた戻してやるよ」

1週間後、人事異動が発令された。

人事異動（部長待遇）執行役員を免じ社長付とする　伊丹一（生産担当執行役員）
人事異動　出向を命ず　城中製造株式会社　香山潤三（経営企画部 課長補佐）

そして同日付けで城中製造株式会社の人事異動が発令された。

人事異動　取締役経営企画部長を命ず　香山潤三

（城中製造社長室）
竹内社長「なんで君と都落ちしなきゃならないんだ」
香山「竹内部長、いや、社長、落ち着いてください。伊丹役員は社長付ですよ。佐藤課長は関連会社へ出向ですよ。それから考えれば昇格じゃないですか」
竹内社長「人の気持ちも知らないで」
香山「腹を括ってください」
竹内社長「わかったよ。君とは一蓮托生だ。何でもいってくれ」
香山「ファブレス化はご存じですね。そのための準備を進めてほしいのです。1年後にファブレス化を行った場合、本社で抱える人員をまとめたいのです。私はM＆Aの相手先を見つけて、従業員の再雇用を条件に、できるだけ高値で売却できるよう本社の経営企画部と連携して行っていきます」
竹内社長「わかった。それにしても君だって高松工場勤務を経験したこともあるんだろう。ファブレスとは大胆だなぁ」
香山「会社が生き残るためです。私も血を流したくありません。仕事の仲間ですから。できるだけM＆Aが成功して雇用確保を図りたいんです。まずはファブレス化の司令塔となる人物を3名選んでください。年功じゃなく実力、能力です。彼らに本社経営企画部付で異動してもらいます」
竹内社長「わかった。成功したら私も本社に戻れるんだろうか」

香山「確約はできませんが、確率は高まるはずです」

【解決策】

香山が赴任してから半年が経過したが、なかなか城中製造の売却先が決まらない。当事者である城中製造の従業員の中では身売りが行われるとの噂が立っていた。焦った香山は古巣の本社経営企画部を訪ねるのであった。

（本社経営企画部）
香山「奥塚部長、城中製造に着任してから半年経ちました。売却先は見つかりましたか」
奥塚「いくつか候補はあるんだが…決定的なのがないんだよ」
香山「時間が経つと社内の不安が広がります」
奥塚「そうはいっても、こちらの試算では20億はないと…」
香山「キャッシュですか、それとも株式交換ですか」
奥塚「キャッシュで15億だよ。雇用の条件は呑んでくれている。候補先は機材も含めて気に入ってくれている。ただ15億が限界だそうだ」

香山「そうなんですね。何か打開策がないか調べてみます」
香山はコンサルタントの友人、中野に連絡を取って相談することにした。

（横浜中華街にて）
香山「忙しいところ悪いね」
中野「元気そうじゃないか。子会社へ出向のわりには」
香山「一応、役員だからな。ある程度の決裁権限がある。早速だけどお前とコンサル契約を締結したい。週2でうちに来てほしいんだ。年2000万円でどうだ」
中野「それなら大丈夫だ」
香山「秘密保持契約はまだだが、お前だから大丈夫だよな」
中野「うん。それで大手町の本社から横浜までわざわざ出向いたのか」
香山「そうだよ。ミッションは2つあって、ファブレスの成功と子会社の売却だ」
中野「出向先の売却か。ファブレスは以前から聞いていたからわかるが、売却が進まないのは何が原因なんだ」
香山「値段が釣り合わないいんだ」

中野「どうして？　そこまでの価値はないのか」
香山「いや、そんなことはないはずなんだが」
中野「相手は欲しがっているんだろう」
香山「そうなんだ。雇用条件も呑んでくれている」
中野「じゃあ…うん、待てよ、ライセンスはどうなっている。相手はすぐにでも稼働させたいはずだ。工場を買ってもすぐに稼働できないのは必要なライセンス料が別途かかると考えているんじゃないか」
香山「自社のライセンスばかりだよ」
中野「じゃあ簡単じゃないか。ライセンスの折衝をすればいいんだよ。先方が払えるよう分割してね」
香山「そうか。奥塚部長じゃ細かいことわからんからなぁ。ありがとう」

（翌日、本社経営企画部会議室）

香山「部長、製造会社なので、相手先としてはすぐにでも稼働したいはずです」

奥塚「そりゃそうだろう。こっちは人までつけるといっているんだ。すぐにでも稼働できるじゃないか」
香山「知財、つまりライセンス料の支払いがなければ稼働はできません」
奥塚「そうか。交渉のとき、先方がなんかモヤモヤしていたのはこのことだったんだな」
香山「うちの生産の知財を、使用料として1年据え置きの1億、5年払いで売却したらどうですか」
奥塚「その手があったな。うちはライセンスビジネスができるしな。交渉してみるよ」

（その後交渉がまとまり、本社社長室にて）
社長「奥塚部長、今回はよくやってくれた。感謝するよ」
奥塚「一時はどうなるかと思いましたが、香山君のおかげです」
香山「とんでもない、部長が売却手続きのすべてを本社で仕切っていただいたおかげです」
社長「君には本社に戻ってもらうよ」
香山「ありがとうございます。それと竹内社長はどうなるのでしょうか」
社長「あいつは今回の不正の責任がある」
奥塚「そうですね」

香山「そのとおりですが、本社の生産本部と子会社の業務内容を経験したのは竹内社長だけですし、今後ファブレス経営を進めるうえで不可欠な人です。ファブレス経営で柱となってくれる人材を選抜したのも竹内社長ですし、彼らの信頼も厚いです」

社長「君がそこまでいうなら戻してやるか。ただし昇格はさせんぞ。部長のままだ。ファブレス経営がうまくいったら昇格はなきにしもあらずだがな」

奥塚「社長、組織改正のことを香山君にも」

社長「そうだな。今回のこともあり生産本部を解体することにした。そして新たに経営企画本部の中に生産管理部を置くつもりだ。竹内社長はそこの部長だ。香山君、君には執行役員奥塚本部長の下で経営企画部長として腕を振るってもらいたい」

奥塚「最善を尽くします。生産本部の解体を前向きに発表はできても、成長戦略のM＆Aはまだ実施されていません。株価もまだまだです。やるべきことはいっぱいあるぞ、香山君」

香山「はい、奥塚本部長」

奥塚「辞令前だぞ。気が早いよ」

それから間もなく城中製造の売却がプレスリリースされた。そして従業員の雇用は守られた。城中興産にはキャッシュで15億円プラス今後5億円のライセンス料が入ることになった。資金調達のための社債発行は成功した。直接金融からは長期の資金を得た。これからの成長戦略の中核を担うのは、経営企画部長である香山潤三である。

人事異動　執行役員　経営企画本部担当　奥塚剛（経営企画部長）
人事異動　経営企画本部　経営企画部長　香山潤三（城中製造取締役経営企画部長）
人事異動　経営企画本部　生産管理部長　竹内守（城中製造代表取締役社長）

エピローグ
攻めの一手、これからの成長戦略を描く

【ストーリー】

辞令を受け取り妻と祝杯を挙げた翌日、香山は銀座のキャビアのおいしいバーでコンサルタントの中野とグラスを傾けていた。

中野「経営企画部長に乾杯」
香山「やめてくれよ。大学の金融証券研究会の仲間じゃないか」
中野「とにかくうれしいよ。お前が子会社出向になったときは終わりかと思ったけどな」
香山「お前には感謝しているよ。本当はお前が幹事証券に口を利いてくれたんだろう。じゃ

なきゃ、奥塚部長だけじゃ相手先は見つけられなかったと思うよ」

中野「保身一徹の奥塚さんじゃ、仲介の証券に足元見られるだけだからなぁ」

香山「おまえとコンサル契約できたのは奥塚さんのおかげだ。取締役での出向じゃなかったらおまえとの契約も自由にならないからなぁ。社長には本社経営企画部のお手柄とアピールしているよ」

中野「次は本社の役員狙いだな。奥塚さん、邪魔じゃないか」

香山「おいおい、めったなことをいうもんじゃないよ。奥塚執行役員は必要だよ。今は成長戦略の準備が整ったにすぎないんだから」

中野「安定路線じゃないと攻めに向かえないってわけだな。失敗したら一蓮托生だからな」

香山「戦うときは後ろから撃たれないようにしておかないとな」

中野「そういえばお前、本社に戻っても営業から嫌われているんだろう」

香山「例の資本コストの導入からだよ。入谷常務からは名指しで出向の指名がかかったくらいだ」

中野「会社員は大変だな。自分にはできないよ」

香山「お前には一匹狼のコンサル業がはまっているよ」

中野「そりゃそうだ。ところでどんな成長戦略を描いているんだ」
香山「奥塚執行役員に君との契約継続の承認はとってある。ただし、今回の子会社売却の裏方の件は極秘だからな。それが条件だそうだ」
中野「了解しました。黒子に徹します。本当は成功報酬をもらいたいところだけどな」
香山「頼むよ。証券会社じゃないんだから無理いうなよ」
中野「わかった、わかった。じゃあ証券とは交渉していいだろう。何をすればいい」
香山「まずはファブレスを軌道に乗せてほしい。これを次回の株主総会で報告したい。次に成長戦略だけど、乾坤一擲のＭ＆Ａをしたい。規模は１００億だ」
中野「ほう、どんな案件が欲しいんだ」

【解決策】

香山「うちの販売網はスーパー、ドラッグストア、ホームセンターが主力だ。いってみればＢtoＢだ。これを粗利が大きい直販にしたいんだ。ただ日本国内だけだと大した市場規模にならない。だから海外市場も視野に入れたＢtoＣをやりたいんだ」
中野「ＢtoＣはいくつか候補の会社が浮かぶからいいんだけど、海外は難しいぞ」

香山「わかってる。特にアジアは利権がらみが多いからな。だから海外販売はBtoBを考えている。できれば財閥系や党・軍幹部の息のかかった会社のほうがいい。もちろん、地政学リスクやロジスティクスも配慮して、どの国がいいか最初の段階から戦略を練ってほしいんだ」

中野「お前、マジな顔になってきたぞ」

香山「当たり前だ。100億だぞ」

中野「よし、わかった。党・軍幹部の息のかかった会社はある意味安全だが、外国企業を含めてみんな狙っているぞ。袖の下もかなり積んでいるだろうしな」

香山「我々は袖の下はやらない。直接正式ルートで会社幹部にあたってほしい」

中野「それじゃぁ先方にメリットがないじゃないか」

香山「あるよ。うちはファブレスだ。海外でのブランドはどうでもいい。品質管理の証が欲しければ当社のネームを使ってもいいし、先方と共同でブランドを作り上げるのだっていい。要は既存の販売ルートに商品を乗せることで利益率を上げたいんだ」

中野「条件はわかったよ。まずはファブレス成功だな。そのうえでのM&Aだな。来年の株主総会には間に合わないかもしれないぞ」

香山「案件が大きいから慎重に進めてほしい。今は株全体の相場が下がっているし、通販も巣ごもり需要が終了して消費者も正常運転に戻るから、売り手も出てくると思うよ」

中野「もしかしてお前、経営企画主導で売上を上げて営業の鼻をあかそうと考えているんじゃないか」

香山「ふふ、そういう効果もあるかもな」

中野「一挙両得かよ」

香山「メインはあくまでライバルより実力本位で株価を上げることだ」

中野「ＥＰＳの成長を語って実績が上がれば、証券アナリストは評価してくれるからな」

香山「当期純利益を10億程度上乗せしたい」

中野「ポストＭ＆Ａで成功すれば可能性は高いな」

香山「配当割引モデルで推計すれば、株価は77円上がることになる。成長期待もあるから成長率を１％として527円くらいの株価は狙えそうだ」

中野「で、その10億の構成は」

香山「まずファブレスで年10億の削減効果、国内通販で70億、海外で50億だ」

中野「仕上がりは」
香山「5年だよ」
中野「少し甘いんじゃないか」
香山「渋めでは、ファブレスで毎年5億の削減効果、国内通販で60億、海外50億だ」
中野「あくまで海外は50億か、海外のM＆Aで成功している企業は少ないよ。リスクが高いんじゃないか」
香山「そうなんだ。たしかにまだうちの会社は取引相手が外国人だと戸惑うことも多いし、正直慣れていない」
中野「徐々に、でいいんじゃないかなぁ。まだ若いんだから。お前、最年少部長だろう」
香山「うん、まあな」
中野「思い出してくれ。狭義のM＆Aだけじゃないぞ。広義で捉えればいろいろな形がある。ポストM＆Aで苦労するよりも徐々にお互いを知る、そのために時間をかけるというのも一つの戦略だよ」
香山「たしかにそうだな。ファブレスだって見方によっては製造提携だしな。100億だから肩に力が入ったけど、時間をかければいいよな。どんな案件がある？」

中野「通販だが、取扱商品にこだわらなければシステムと物流は使えるからな。提携販売だと利幅が縮小するから、国内販売なら既存の通販会社を買収することを勧めるよ。問題は海外だ。これは国内が成功してからでいいんじゃないか。ディールの責任は取りたくないから証券会社に投げるけど、海外はうちのネットワークで探したほうが早そうだ。これは別建てで手数料をもらうよ」
香山「わかったよ。どっちにしてもハードルレート遵守だぞ」
中野「了解」
香山「これからもよろしく頼むよ」

会社の中枢である経営者直結の経営企画部の仕事は尽きることはない。

あとがき

「なぜ、香川なんですか。先生は立命館で教鞭をとられた後、上京されて社団の理事長をされていましたよね」。東京に行くとよく質問を受ける。私はある会社の役員からの誘いで東京を金融特区としてアジアの金融センターにしようとする構想を受け、数名の仲間と社団を組織し上京したのは2017年5月のことであった。意気揚々としていた。社団お披露目のパーティーを茅場町のサロンで開き、大勢の来賓を迎えた。金融センターの要は人材である。その養成に全力を注ぎたいと活動を始めた。56歳のことである。

ちょうどそのころ人生100年時代が話題となり、経済産業省は100年時代に即した雇用形態の新たな枠組みを推進すべく対応しようとしていた。経済産業省産業人材政策室長の伊藤禎則参事官（当時）とのイベントを通じて、その何たるかを課題として取り組むことにした。研究会で討議を重ねるうちに日本国民は2つの使命があることに気づいた。一つは外貨を稼ぐ人材であり、もう一つはその支えとなる人材養成である。資源を輸入に頼らざるを得ない日本はこの2つが両輪である。前者は海外からアクセスしやすい東京、大阪、名古屋であろうが、後者は地方であろう。実際、地方の優秀な学生は大都市に人口移動した。ただ、この都市を地方が支える産業モデルも変化している。京都府を例にあげれば理解しやすい。京都企業の多くは東京を目指していない。世界標準の産業創出を目指す志が多くの優良企業を育てた。かつての情報格差は日本にはない。福岡県も同様であろう。中国大陸への玄関口として、独自の発展を遂げようと県民一体となって成長している。このように、日本での空間としての格差は従来とは比較にならないほど縮小している。

また、都市では新たな問題が生じている。都市の高齢化問題であり、夢破れた若者の増加である。前者はコロナ禍で医療・介護逼迫問題として明確になった。後者の解決はいまだ端緒である。若者にとって都市のほうが地方より居心地がよいのは20歳代で、30歳代でなんとなく違和感を覚え、40歳代では疲れ果てながら都市で身動きが取れなくなっている働き盛りが多くなっているのではなかろうか。ましてや老後を東京に固執する必要性はない。

たとえ都市で活躍の場を得て成功したとしても人生100年時代、残りの30年間の老後を全うするのに幸せな場所が都市であろうか。最前線で活躍した人材は定年制度と月47万円の壁によって戦意を失い、人生の志さえなくしてはいまいか。ましてや30歳代、40歳代の悩める世代は頭を切り替えるべきではないか。賃金に見合った生活水準を得ているのだろうか。実際、都市の実質的な生活水準を悪化させているのは不動産価格である。必要以上に不動産賃料が上昇している。住宅ローンのために生活を切り詰めているとしたら悲しいことである。

コロナ前の研究会であったが、私は消防庁の資料を見いだした。それは救急搬送の実態調査である。入電から現場到着までの時間は東京では10・9分、香川では8・5分、それほど違いはないにもかかわらず、入電から医師への引継ぎ時間は東京50・0分、香川35・4分である（2020年1月～12月集計）。救急搬送の問題は高齢者だけではなく、都市で生活する者、働く勤労者の問題でもある。なぜなら、脳梗塞、心筋梗塞、くも膜下出血など、発症から処置までの時間が後遺症の有無に影響する。東京での活動は急患の側面からリスクがある。

このデータに驚いた。私の体質からは血管の問題で亡くなる確率が高いと考えている。後遺症はピンピンコロリの信条とは異なる。故郷に帰ることにした。思えば金融は産業の血流である。人材も同様であろう。地方から東京に一極集中するなかで、人材が埋もれ淀むのなら、東京から地方への流れをいかにつくるかが課題となる。香川モデルを創れないか。地方で金融人材を育てよう。地方では、地域金融機関の改革が金融庁の号令のもと進められている。経済産業省が中心となって中小企業の事業承継問題の解消を進めている。香川県にも、後継者不足でなくしてはならない中小企業も多く存在する。産業の活性化は地方創生の肝である。そこに血流を流し込むこそが地域活性化につながると考えている。東京で外貨を稼ぐ人材の養成はやめ、地方でその支えとなる人材を養成することにしたのである。

もともと、香川は祖父が生まれた土地であった。江戸時代の墓もあり、姓からいっても親しみがある土地である。ガス会社に勤務するため岡山に移り、今は懐かしい宇高連絡船に乗って高松へは墓参りに毎年通っていた。運よく公募があり、香川大学に就職したのが2020年4月であった。地域に貢献する金融人材養成に邁進することにした。

2023年1月5日　幸町研究室にて

三好　秀和

付録1

香山潤三の懐かしい教授の講義録

ファイナンスには3つの分野がある。企業を対象とするのは「コーポレートファイナンス」、主に政府を対象とするのは「パブリックファイナンス」(財政学)、個人を対象とするのは「パーソナルファイナンス」だ。この講義は、企業を対象とするコーポレートファナンスなので、まずは企業の財務諸表で貸借対照表（以下、B/S)、損益計算書（以下、P/L）とキャッシュフロー計算書を学んでほしい。

ただ、会計学ではないので、ファイナンスで必要なところをまずは頭に叩き込んでほしい。理由は、企業のことなら、ここで学ぶ知識があれば大抵の課題は解決できるからである。

1. B/S、P/Lを学ぶ

まずB/Sについてだが、箱を描いてみる。もちろんこれにはP/Lも関係しており、ある時点、たとえば、3月31日の当期B/Sは次期P/Lの期間損益を通じて次期B/Sにつながっていく。また、上場・非上場を問わず、当期と次期との間に株主総会がある。このワンサイクルの中でB/Sがどう動いていったのかをしっかりと頭に入れておいていただきたい。

B/Sの左側をAとし、ここをAsset（資産）という。そして

図表1　BSをADEで覚える

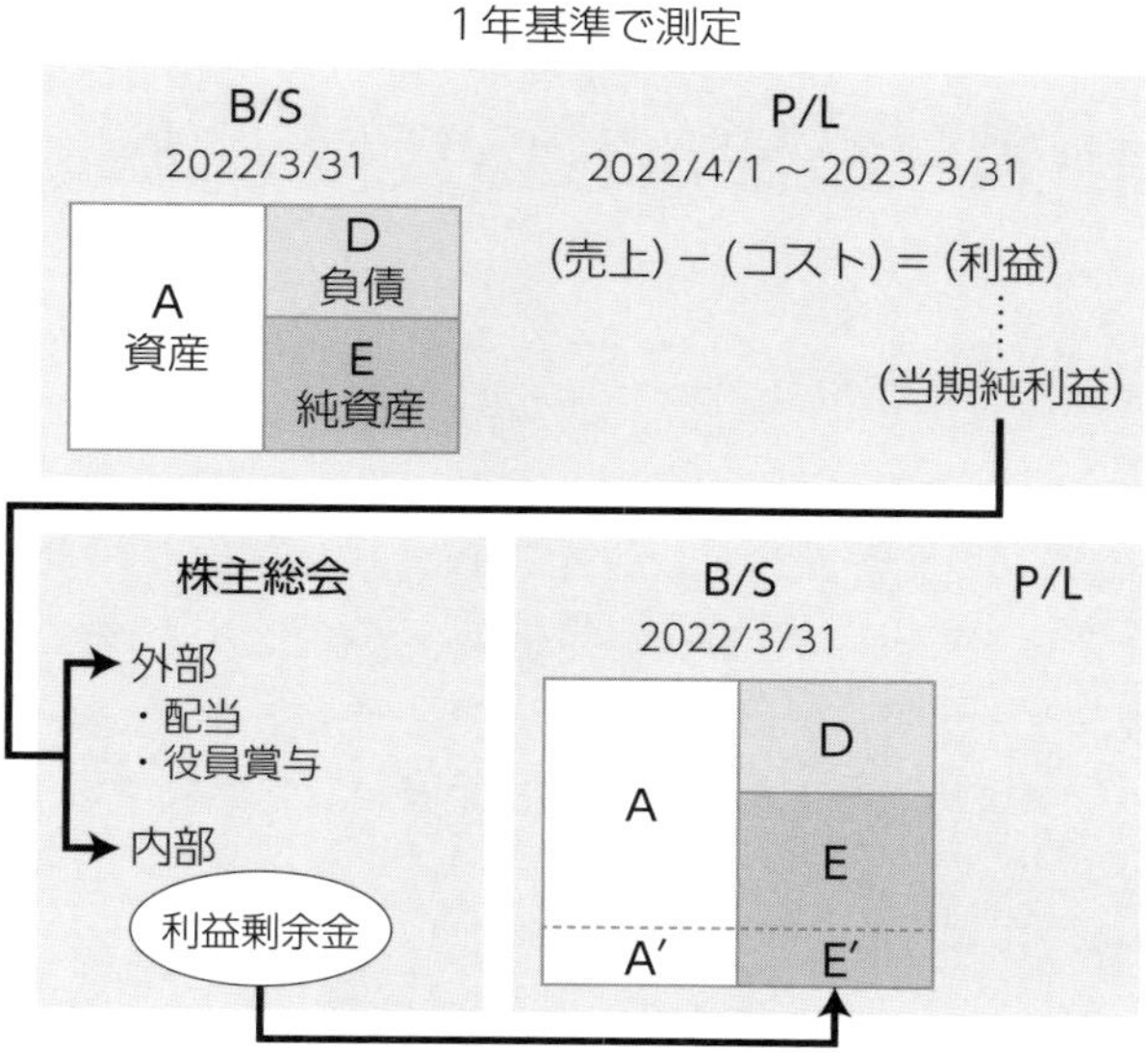

右側にD（Debt：負債）とE（Equity）を順次書いていく（**図表1**）。Eは「純資産」と覚えていただきたい。では、どうしてA、D、EでB/Sを覚えるのか。

簡単な例として、会社がうまくいっているときとダメなときを想起してみよう。

ダメなときの方策に事業再生（ターンアラウンド）というものがあるが、その際にDとEを交換することがある。これを「デット・エクイティ・スワップ（Debt Equity Swap：DES）」と呼ぶ。Dは誰かというと、ここに銀行がいて会社にお金を貸し付けている。この会社の業績がしだいに不振になったときに

図表2　Debt Equity Swap

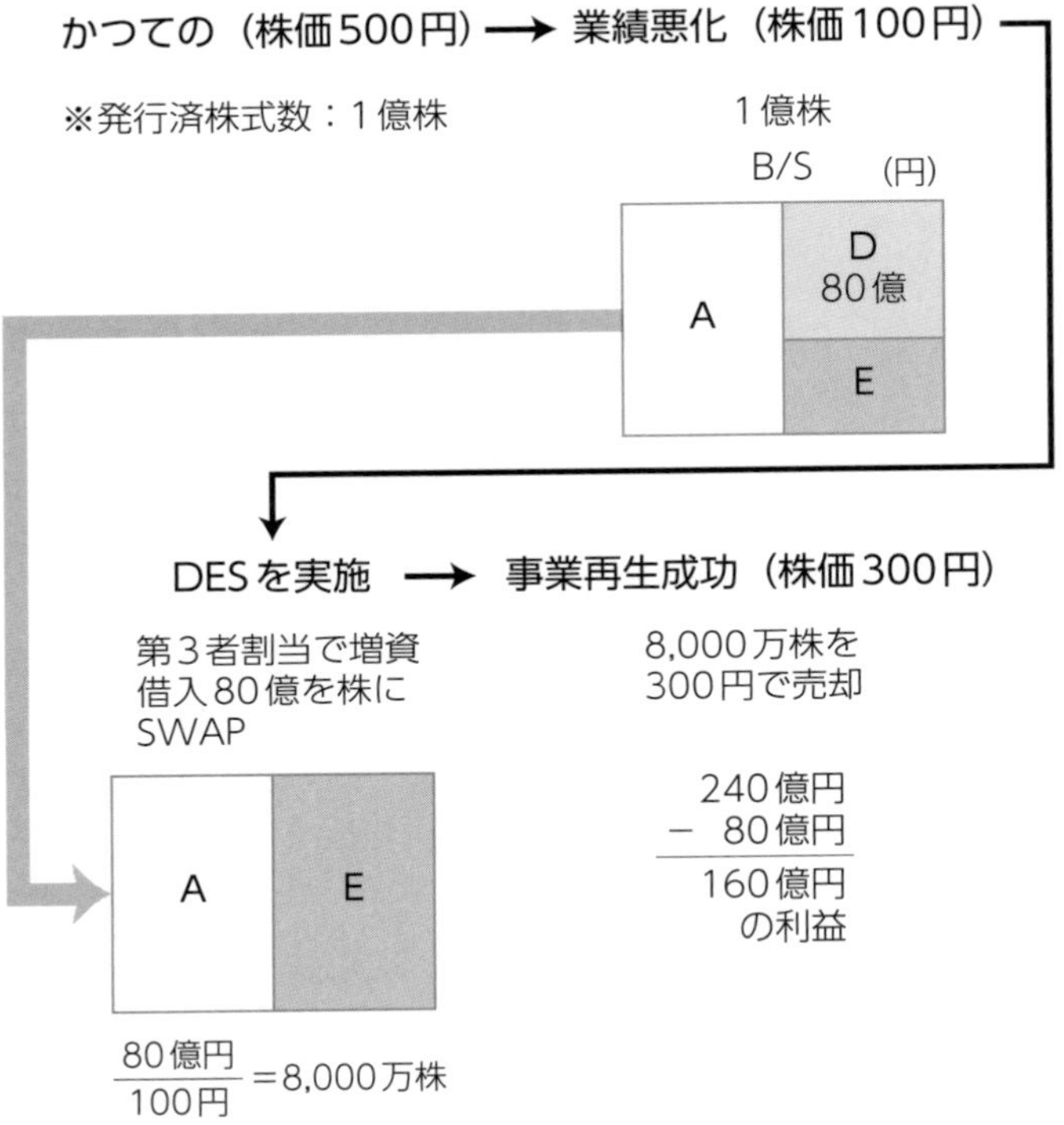

どうするか。銀行がEとの交換を了承したら、Dが少なくなりEが増える状態になる。これは事業再生の一つの手法である。

当然、社長の経営責任が問われて社長は交代し、取引銀行から役員が送られてくる。これとほぼ同時にDとEとのスワップが行われる。そして構造改革を実行しながら企業価値を高めていき、今度はEを売却することによって銀行は利益を得る。こ

れがDESである。B/Sの構成項目のA、D、Eというコンポーネントで覚えたほうが理解しやすい。

企業の業績がだんだんと悪くなったときに、Aの項目の中で使われていない資産があった場合は、これを見直すことがしばしば行われる。後で触れるようにROAなどの指標を高める手法でもある。よくあるケースが、Aの中に有形固定資産である本社ビルが含まれているような場合、これを売却して本社ビルを借り入れるというものだ。これは「セール・アンド・リースバック」と呼ばれる手法で、Aを売却して得た現金でDを返却することでバランスシートを小さくする。賃料は費用化するというスキームである。

以上のように、B/S、P/Lを学ぶと会社のどの部分にテコ入れをしたらよいかがわかってくる。この手法は上場・非上場とは一切関係なく実行が可能なので、まずはAとDとEと覚えていただきたい。

次にP/Lだが、企業経営者は皆、自社の利益を最大化したいと考えている。利益がどのように計上されるかといえば、基本的には売上から費用を差し引いたものである（**図表3**）。P/Lでは利益を何段階かに分けている。たとえば、最初の粗利益《あらりえき》は売上総利益というもので、その次にくるのが営業利益である。そして経常利益があって、特別損益を経て税引前当期純利益、最後に当期純利益となる。

利益が5段階に分かれているのは理由があるわけで、皆さんが分析をするときは2つの方法しかないと思う。2つの方法は「クロスセクション（横断面）分析」と「タイムシリーズ（時

図表3　PLで経営改善を考える

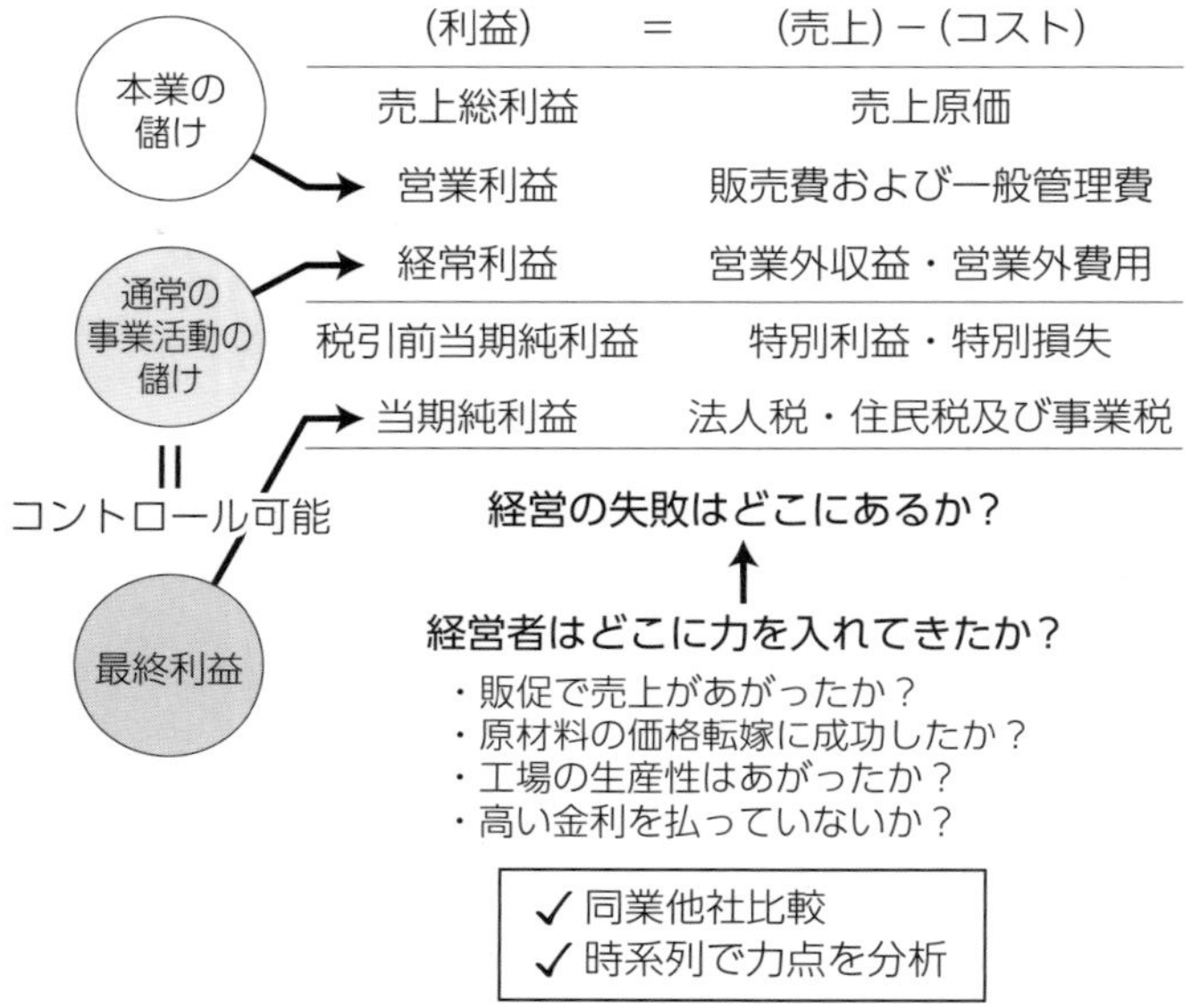

系列）分析」と呼ばれる。前者は、同業他社と同時点で横並びに比較することで、たとえば進学塾であれば自分の会社と他社の進学塾とを比べてみる。また、後者は、自社の経年変化をチェックして、これまでどのような経営努力をしてきたかを分析してみる。

たとえば、売上総利益が他のライバルに比べて非常に高いのであれば、商品の仕入や原材料に注目してみる。蕎麦屋を営んでいるとして、高い原材料を使っていても粗利益率が高いのであれば問題はない（高い原材料に見合った価格設定・販売数量

があるということ）が、低額の原材料を使っていながら粗利益率が低いとなると問題である。原材料は仕入原価であり、支払いとして外部にお金が出て行く。製造業やサービス業では原材料を提供するには人（ステークホルダー）が要る。“なぜ不合理な仕入が行われているか”ということをまず考えていただきたい。

営業利益は、販売費と一般管理費の大きさに関係している。販売費とはマーケティングの成否の問題であり、たとえば広告の効果はどうなのか？となる。一般管理費で大事なのは人件費であるので、やはりここにも人（ステークホルダー）が存在している。

経常利益は何かといえば、これは余ったお金の運用による受取利息（営業外収益）や銀行への支払利息などの費用（営業外費用）であり、ここにも人（ステークホルダー）が関与している。その次の段階で、たとえば工場が火災に遭ったなど経営者がコントロールできない事象を計上した特別損益項目になる。ただ、火災など経営者がコントロールできない事象であれば、これを含まない経常利益段階までを比較するのが合理的である。

一方、特別損益まで含んだ段階が税金を支払う前の税引前当期純利益となる。そして利益が出そうなら税金を支払うことになる。法人税、住民税などを支払った後が当期純利益である。最後に残ったこの当期純利益をどう分け与えるか、どう配分するかは株主総会の判断に委ねられることになる。

したがって、5段階の利益のうち、経常利益の段階までは人（ステークホルダー）が関与しており、経営者がコントロール

図表4　株主総会の意義をBS・PLと結びつける

	R(リターン)　or	A&E
経営能力：ROA→	営業利益又は経常利益	A
株主の視点：ROE →	当期純利益	E
	P/L	B/S

できる。そう考えると、経営とは何かと問われれば、顧客から得た売上を、関係するステークホルダーの人たちにどう配分するかということである。取引銀行もメインバンクとして機能を果たしていなければ、他の銀行に変えてもよい。企業は取引銀行に対してその対価を支払っているからである。

株主総会で当期純利益について判断すべきことは、内部留保として社内に貯め込むのか、それとも配当等によって社外に流失させるのかである。B/S、P/Lの動向を踏まえ経営者がどこに重点を置いて経営を行ったかは、P/Lの中でどれだけ費用を掛けたか、どこに重点配分をしたのかで決まってくる。その最終的な成果として当期純利益が出るわけである。この当期純利益が株主総会で次期のB/Sの内部留保につながってくる。

これまでのA、E、DにA'、E'、D'が組み込まれて次期のB/Sが始まる。

これが繰り返されるとどうなるか。利益が出ていれば純資産の増加でB/Sが増加するのである。ROA（総資産利益率：Return On Assets）の計算にかかわってくる。分母のAは資産、分子のRは経営者がコントロール可能な利益という観点に立てば経常利益ないしは営業利益になる。費用項目をどう配分する

かはあくまで経営手腕である。ということは、ROAが経営者の能力を示す指標ということになる。

もう一つ、ROE（株主資本利益率：Return On Equity）という指標もある。株主に対してどう報いているかという指標である。配当として報いるのか、あるいは内部留保を厚くして企業価値を高めたほうがよいのかという選択になる。この場合、分子の利益は当期純利益でなければならないことはおわかりいただけると思う。ROEは株主に対する指標なのだからROAの目的とは違うのである。

ここで非上場企業と上場企業の違いに気づかれた方もおられると思う。

非上場企業だとP/L上でどういったことが起こるだろうか。企業オーナーは税金を多く払いたくないという話になる。負債を抱えていると多少税金を払うこともあるが、節税のために一般管理費の中の役員の給与部分を多くしたり少なくしたりするという調整を行うこともある。この点は税務署もよくわかっているので、役員の給与については、同族会社の経理では1年に1回しか変更ができない（正確には変更可能だが、それを実行すれば役員報酬（定期同額給与）は個人と法人で二重課税となる可能性がある）。いずれにせよトップラインの売上が相応になければどうにもならない。売上さえしっかり押さえておけば、あとはどのようにコントロールするかという問題になってくる。

一方、上場企業の場合は事情が少し違ってくる。まず株価が高くなければならない。その理由は3つあって、1つ目は、株

式保有者の財産であるので低株価であると財産価値が棄損してしまうことである。2つ目は、M&Aの脅威である。PBR（株価純資産倍率：Price Book-value Ratio）、すなわち純資産の価値が1倍を割り込む日本企業は8割を占めるのではないかという指摘がある。3つ目として、現金ではなく株式交換で他社を買収するに際してコストがかかる。株価が高ければ、提供する株式数が少なくてよいので、買収コストが少なくて済むのである。

ただ注意すべき点として、上場企業にとっては、株価が上がっても単なる評価上の問題であって実際に純資産額が増えるわけではない。また、非上場企業の場合は株価が高いと相続税評価額が上がってしまう。

株主の権利についておさらいしておこう。本書の58ページを見ていただきたい。会社法での株主の共益権として、1%以上の保有比率で6か月以上経過すると株主提案権が生じる。株主が原発反対であったり、株主提案で社長解任の話が出たりした場合に該当する話である。

私が着目したいのは3%以上の保有になる場合の会計帳簿の閲覧権である。3%以上の株式を保有していれば、会社に乗り込んで帳簿を閲覧できる権利がある。いま某電機会社をめぐるアクティビストの存在が大きな話題となっているが、まだ結末は見えていない。この辺りのことは共益権をめぐる各条文に由来している。

株主総会における普通決議と特別決議の決議要件が異なることも知っておいていただきたい。普通決議の「過半数」（出席株主の議決権の過半数）と特別決議の「3分の2以上」（出席株

図表5　企業の成長サイクルの概念図

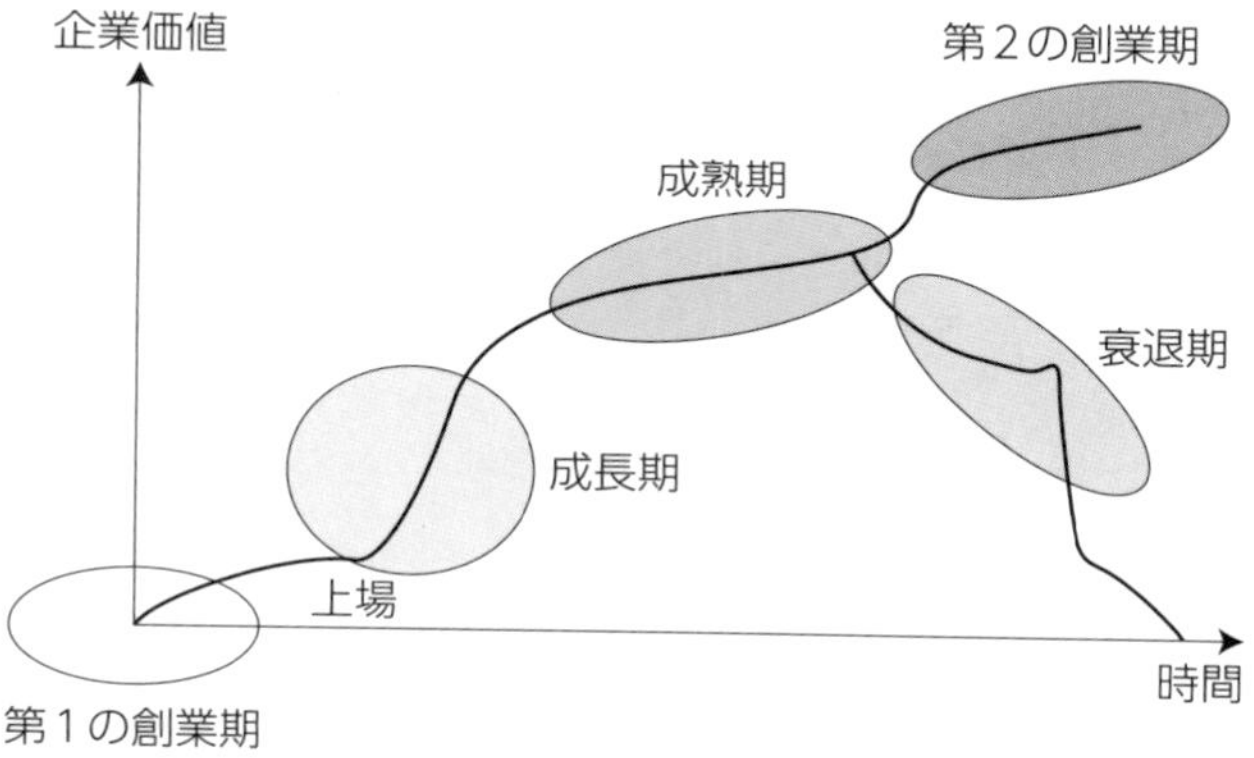

出所：『資産運用・管理の基礎知識』日本証券アナリスト協会、
三好秀和執筆

主の議決権の3分の2以上の多数）という縛りについても気に留めておいていただきたい。

2. 財務基盤の視点で戦略を考える

企業の成長サイクルの概念図をご覧いただきたい。

第2の創業期もしくは衰退期があるなかで、いま当該企業はどの位置に置かれているのかが重要になってくる。先ほどのターンアラウンドのDESは、第2の創業期の段階を踏まえたうえでの話である。経営が悪いときでもすべきことはある。従業員の給与を下げることは会社の利益が増えているなかでは実行できない。これに手を付けるのは、1期だけではなく2期、3期ともに業績が悪いなかで初めてできることである。

そして同時に、銀行が我が会社をどう考えているかも非常に重要なポイントになる。悪いときは悪いときなりに行うべきことはたくさんある。売上が縮減すると当然ながら利益は計上できない。仕入（売上原価）、販売費、一般管理費のどこを減らしていくかは経営者として重要な判断となる。

B/S、P/Lだけでは、経営戦略を考えるうえで間違える可能性がある。その理由は、会計が企業会計原則に基づいて正しく記帳しようとすることによる。設備投資のために購入した機械は、その代金を今年全額支払っているのに、費用として今年すべてを計上することはできない。資産に計上して複数年度で費用計上する。減価償却があるからだ。つまり、P/L上で当期純利益が10億円あっても、現金が10億円あるわけではない。赤字で倒産するのは当たり前だが、黒字倒産が生まれる原因がここにある。

もう一つは、1年間の営業活動の成果はP/Lで理解できるが、B/Sは今年と過去の資産が分けられているわけではないことだ。今年の借入と去年の借入は合算されている。1年間という期間の中でお金の動き、入ってきたお金と出ていったお金の区別がつくのはキャッシュフロー計算書だ。

このように、会社の中にお金が増えるのがプラスで、会社から出ていくのがマイナスで表現される。ここで、プラスがよくてマイナスはいけないという考えは捨ててほしい。一般に借金を返すことはよいこと（ファイナンスでは利益が出ていて成長しているときは借金はよいこと）だが、キャッシュフロー計算書はマイナスとなる。この現金の動きを営業活動、投資活動、財務活動の3つの視点で、かつ1年という期間で明確にしてく

図表6　CF計算書のイメージ

（金額単位：千円）

キャッシュフロー計算書	
Ⅰ　**営業活動によるキャッシュフロー**	
税引前当期純利益	38,000
減価償却費	50,000
受取利息及び受取配当金	△1,000
支払利息	5,000
有形固定資産売却益	△4,000
固定資産除却損	20,000
売上債権の増減額	△60,000
棚卸資産の増減額	△30,000
仕入債務の増減額	40,000
その他資産の増減額	22,000
その他負債の増減額	△8,000
小計	72,000
利息及び配当金の受取額	1,000
利息の支払額	△5,000
法人税等の支払額	△18,000
営業活動によるキャッシュフロー	50,000
Ⅱ　**投資活動によるキャッシュフロー**	
有形固定資産の取得による支出	△30,000
有形固定資産の売却による収入	8,000
貸付による支出	△5,000
貸付金の回収による収入	5,000
投資活動によるキャッシュフロー	△22,000
Ⅲ　**財務活動によるキャッシュフロー**	
短期借入による収入	5,000
短期借入金の返済による支出	△10,000
長期借入による収入	10,000
長期借入金の返済による支出	△30,000
財務活動によるキャッシュフロー	△25,000
Ⅳ　**現金及び現金同等物の増減額**	4,000
Ⅴ　**現金及び現金同等物の期首残高**	6,000
Ⅵ　**現金及び現金同等物の期末残高**	10,000

れるのがキャッシュフロー計算書だ。

逆に、企業の成長戦略について、本書の96ページにあるドラマのような敵対的な買収が常にあるわけではない。M&Aには資本の移動を伴うものとそうではないものとがあり、後者は業務提携という名の下での販売、技術等でのM&Aである。自社だけでは成長できないとしたら、外部の経営資源と提携して補完し合うことは行うべき話である。そういうなかでお互いに資本の中まで立ち入っていくという友好的な関係はあり得るわけである。

3. 株価をどう読み解くか

そもそも株価は何によって動くのか。次の**図表7**を見てほしい。

ここに1997年から2017年までの経常利益の伸び率と株価の上昇率を示してある。両者とも同じような伸び率で推移していることに同意いただけるとすれば、キャピタルゲインたる株価の上昇を享受するためには利益が上昇しなければならない。

昨年と同じ儲けなら株価の伸びもゼロということになる。この点については、上場企業は、非上場企業との株価の評価は異なる。上場企業の経営者は非常に厳しい環境に置かれており、たとえ取引先や銀行等の株主以外のステークホルダーへの要件を満たしていたとしても、肝心な株主には当期純利益が伸びること、すなわち株価が上昇するという期待に沿わなければ、投資家からは評価されないのである。株価が上がらなければ株式に投資してもキャピタルゲインは得られず、配当しか受けるこ

図表7　利益の伸びと株価の動き

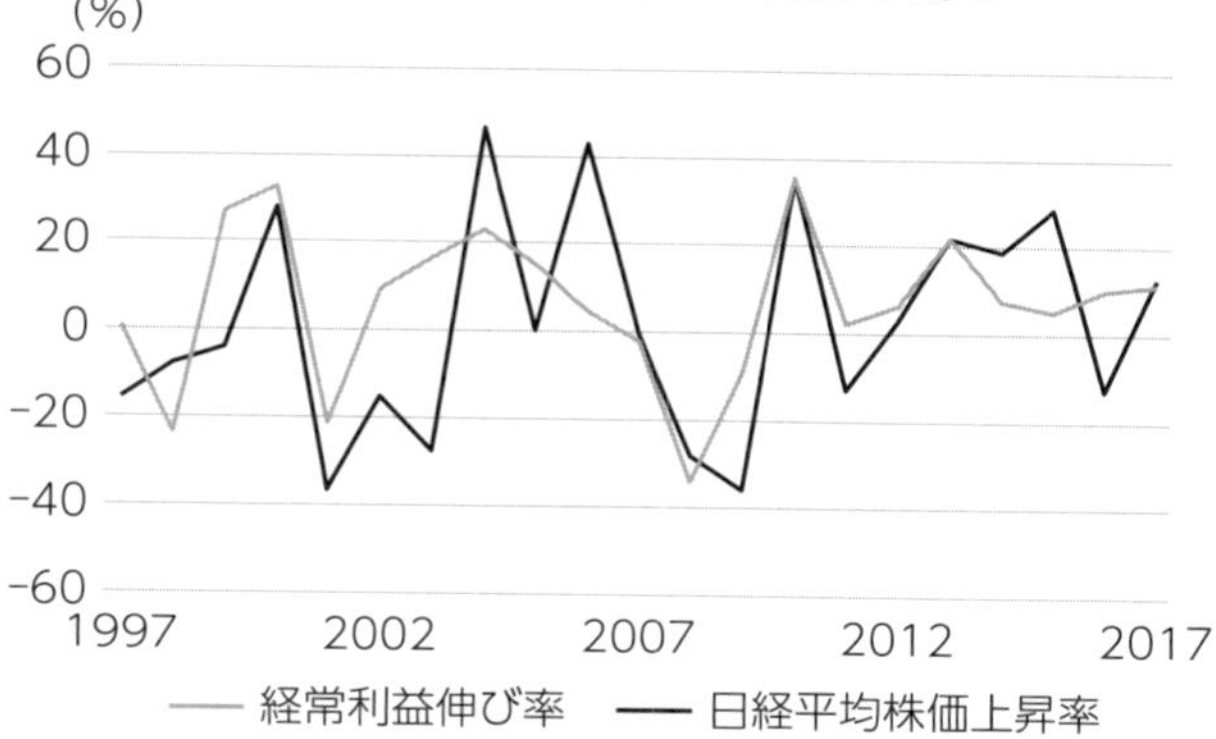

出所：『資産運用・管理の基礎知識』日本証券アナリスト協会、三好秀和執筆

とができない。そのカギは、具体的にはEPS（1株当たり純利益：Earnings Per Share）の成長水準にある。

さて、PER（株価収益率：Price Earnings Ratio）は株価をEPSで割ったものだが、ではEPSを得るには何を何で割るのだろうか。以下のように考えたらわかりやすい。

すなわち、株価というのは1株当たりの価格である。ということは、利益の水準も1株当たりに換算して単位を統一する必要がある。つまりは当期純利益を発行済株式数で割ればよい。この解説は第1章の【論点解説】に記述してある。1年分の利益の何倍が株価になっているかである。いま米国の株価は金利の上昇によって約3割値下りしている。米国株式のニュース解説を聞いていると、大体はEPSのことばかりである。なぜか

というと、株価自体は「株価＝PER × EPS」だから、株価がどのくらい下がるのかを予想するときに、一つの要素としてEPSの水準が話題になるのである。仮にEPSが横ばいであれば、PER、つまり人気度がどのくらい下がるのかということによって株価の予測ができることになる。

PERの下げが一番キツかったのはどういう銘柄だったのであろう。それは資産（バリュー）株ではなく成長（グロース）株であった。成長株にとって成長期はお金が必要なときである。ということは、先ほど述べたB/Sの中のDが多いということである。成熟期にある企業はお金を貯め込んでいるので、金利が上がっても金利負担はそれほどでもないが、成長株にとっては負担が重いのである。アナリストが株価を予測する場合、EPSは変わらず不況も到来していない状況とすれば、あとはPERがどのくらい変動するかがポイントになる。BPS（1株当たり純資産：Book-value Per Share）についても、1株当たりという発想は基本的に同じである。

では、PERとは一体何なのだろうか。まずPERは1期限りのものであり、しかも平面的なものである。EPSが当該期の財務諸表から計算される1期限りの計算値であるので、当然そのような結果になる。これを複数期間に伸ばして連続的なものへと改良したものが次の定額配当割引モデルである。定額配当割引モデルは**図表8**のように示される。

図表8の式が示しているように、分母（r－g）が上がると株価は下がるのである。ここで、rはr_f（リスクフリーレート）＋r_p（リスクプレミアム）に分解される。金利の上昇はこのr_fに直に影響を与えることはおわかりいただけるだろう。

図表8　定額配当割引モデル

$$P=\frac{D}{r-g} \qquad r=r_f+r_p$$

P＝株価、D＝配当、r＝期待収益率、g＝成長率
r_f＝リスクフリーレート、r_p＝リスクプレミアム

たしかに、株価はPERと1期限りのEPSのみでも導出することはできる。ところが、配当割引モデルでは企業業績を反映するD（Dividend：配当)、r（期待収益率）というマクロ環境的なもの、そしてg（成長率）という当該会社の成長の諸ファクターを含めて株価に反映させている。こちらのやり方のほうがPER一本やりよりもはるかに優れているだろう。

いま米国で何が起こっているかといえば、r_fが急激に上がっているわけで、これはすべての株式に対して影響してくる。一方、個々のr_pは成長株、資産株の大きな括りで見た場合、それぞれ大いに異なるだろう。企業の成長性も然りである。このように、式自体が分解されることの意味をよくお考えいただきたい。

次に、上場企業の場合、どういった企業が成長するかという話をしたい。設備投資というと工場の建設が思い浮かぶが、一方でM&Aも立派な投資である。このため資本コストの話が必要になってくる。

B/SのE（純資産）の部分、すなわち株主が求めるのは期待収益率であるので、この点に関してβというものを学ばなければならない。CAPMから導出するβを使って期待収益率が5

図表9　成長戦略としての資本コストの利用

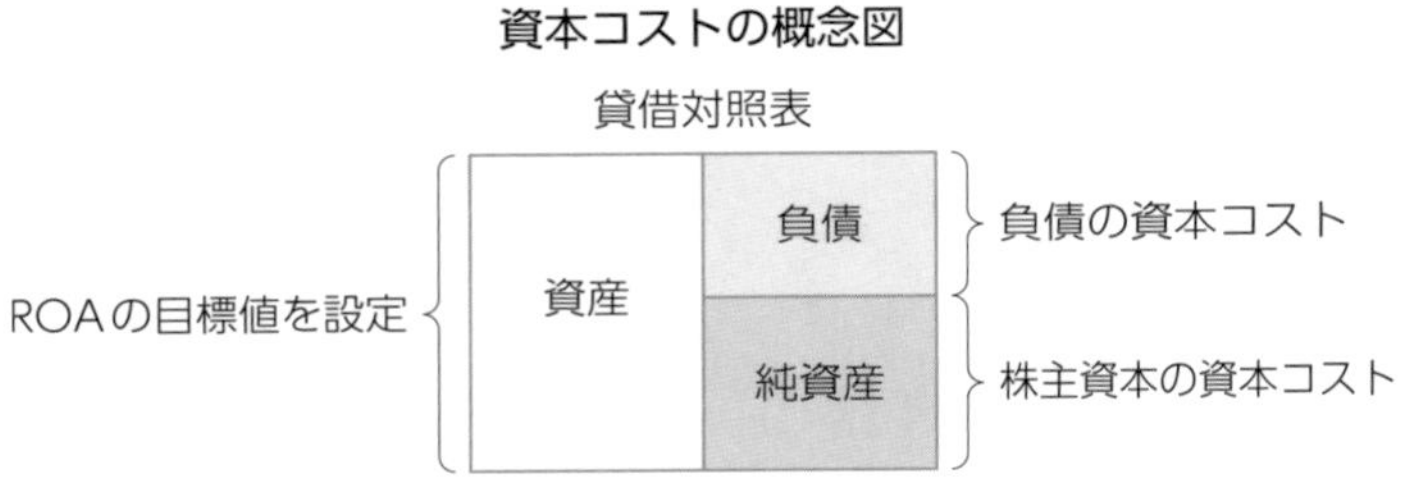

出所：『資産運用・管理の基礎知識』日本証券アナリスト協会、
三好秀和執筆

%、銀行からの借入金利が1%、D：Eの比率が40：60とすれば、

1% × 0.4+5% × 0.6=3.4%

が資本コストである。B/Sの構成項目のA(資産)を使って3.4%を上回るようなリターンを上げなければ、銀行にも株主にも申し訳ないということである。それは人件費でも同じである。もし人件費を10億円上乗せした場合、それに対して3.4%を上回るリターンが確保できるのかということである。広告宣伝費も同じである。

このように、資本コストというのは非常に重要な概念である。資本コストについては本書第4章の【論点解説】にあるとおりであり、またCAPM（資本資産評価モデル：Capital Asset Pricing Model）の計算式も記述しているので参考にしていただきたい。ここでは設備投資の判断基準の加重平均資本コスト(WACC：Weighted Average Cost of Capital）についても触れ

ている。資本コストを設備投資の判断基準の一つとして使っているかどうかは、ガバナンスにも関連してくる非常に重要な要素の一つである。

付録 2

コーポレート・ガバナンス・コード

～会社の持続的な成長と中長期的な企業価値の向上のために～

コーポレート・ガバナンス・コードについて

本コードにおいて、「コーポレートガバナンス」とは、会社が、株主をはじめ顧客・従業員・地域社会等の立場を踏まえた上で、透明・公正かつ迅速・果断な意思決定を行うための仕組みを意味する。
本コードは、実効的なコーポレートガバナンスの実現に資する主要な原則を取りまとめたものであり、これらが適切に実践されることは、それぞれの会社において持続的な成長と中長期的な企業価値の向上のための自律的な対応が図られることを通じて、会社、投資家、ひいては経済全体の発展にも寄与することとなるものと考えられる。

2021年6月11日

株式会社東京証券取引所

基本原則

【株主の権利・平等性の確保】

1. 上場会社は、株主の権利が実質的に確保されるよう適切な対応を行うとともに、株主がその権利を適切に行使することができる環境の整備を行うべきである。

　また、上場会社は、株主の実質的な平等性を確保すべきである。

　少数株主や外国人株主については、株主の権利の実質的な確保、権利行使に係る環境や実質的な平等性の確保に課題や懸念が生じやすい面があることから、十分に配慮を行うべきである。

（考え方）

上場会社には、株主を含む多様なステークホルダーが存在しており、こうしたステークホルダーとの適切な協働を欠いては、その持続的な成長を実現することは困難である。その際、資本提供者は重要な要であり、株主はコーポレートガバナンスの規律における主要な起点でもある。上場会社には、株主が有する様々な権利が実質的に確保されるよう、その円滑な行使に配慮することにより、株主との適切な協働を確保し、持続的な成長に向けた取組みに邁進することが求められる。

また、上場会社は、自らの株主を、その有する株式の内容及び数に応じて平等に取り扱う会社法上の義務を負っているところ、この点を実質的にも確保していることについて広く株主から信認を得ることは、資本提供者からの支持の基盤を強化することにも資するものである。

【株主以外のステークホルダーとの適切な協働】

2. 上場会社は、会社の持続的な成長と中長期的な企業価値の創出は、従業員、顧客、取引先、債権者、地域社会をはじめとする様々なステークホルダーによるリソースの提供や貢献の結果であることを十分に認識し、これらのステークホルダーとの適切な協働に努めるべきである。

　取締役会・経営陣は、これらのステークホルダーの権利・立場や健全な事業活動倫理を尊重する企業文化・風土の醸成に向けてリーダーシップを発揮すべきである。

（考え方）

　上場会社には、株主以外にも重要なステークホルダーが数多く存在する。これらのステークホルダーには、従業員をはじめとする社内の関係者や顧客・取引先・債権者等の社外の関係者、更には、地域社会のように会社の存続・活動の基盤をなす主体が含まれる。上場会社は、自らの持続的な成長と中長期的な企業価値の創出を達成するためには、これらのステークホルダーとの適切な協働が不可欠であることを十分に認識すべきである。

　また、「持続可能な開発目標」（SDGs）が国連サミットで採択され、気候関連財務情報開示タスクフォース（TCFD）への賛同機関数が増加するなど、中長期的な企業価値の向上に向け、サステナビリティ（ESG要素を含む中長期的な持続可能性）が重要な経営課題であるとの意識が高まっている。こうした中、我が国企業においては、サステナビリティ課題への積極的・能動的な対応を一層進めていくことが重要である。

　上場会社が、こうした認識を踏まえて適切な対応を行うことは、社会・経済全体に利益を及ぼすとともに、その結果として、会社自身にも更に利益がもたらされる、という好循環の実現に資するものである。

【適切な情報開示と透明性の確保】

3. 上場会社は、会社の財政状態・経営成績等の財務情報や、経営戦略・経営課題、リスクやガバナンスに係る情報等の非財務情報について、法令に基づく開示を適切に行うとともに、法令に基づく開示以外の情報提供にも主体的に取り組むべきである。

　その際、取締役会は、開示・提供される情報が株主との間で建設的な対話を行う上での基盤となることも踏まえ、そうした情報（とりわけ非財務情報）が、正確で利用者にとって分かりやすく、情報として有用性の高いものとなるようにすべきである。

（考え方）

上場会社には、様々な情報を開示することが求められている。これらの情報が法令に基づき適時適切に開示されることは、投資家保護や資本市場の信頼性確保の観点から不可欠の要請であり、取締役会・監査役・監査役会・外部会計監査人は、この点に関し財務情報に係る内部統制体制の適切な整備をはじめとする重要な責務を負っている。

また、上場会社は、法令に基づく開示以外の情報提供にも主体的に取り組むべきである。

更に、我が国の上場会社による情報開示は、計表等については、様式・作成要領などが詳細に定められており比較可能性に優れている一方で、会社の財政状態、経営戦略、リスク、ガバナンスや社会・環境問題に関する事項（いわゆるESG要素）などについて説明等を行ういわゆる非財務情報を巡っては、ひな型的な記述や具体性を欠く記述となっており付加価値に乏しい場合が少なくない、との指摘もある。取締役会は、こうした情報を含め、開示・提供される情報が可能な限り利用者にとって有益な記載となるよう積極的に関与を行う必要がある。

法令に基づく開示であれそれ以外の場合であれ、適切な情報の開

示・提供は、上場会社の外側にいて情報の非対称性の下におかれている株主等のステークホルダーと認識を共有し、その理解を得るための有力な手段となり得るものであり、「『責任ある機関投資家』の諸原則《日本版スチュワードシップ・コード》」を踏まえた建設的な対話にも資するものである。

【取締役会等の責務】

4. 上場会社の取締役会は、株主に対する受託者責任・説明責任を踏まえ、会社の持続的成長と中長期的な企業価値の向上を促し、収益力・資本効率等の改善を図るべく、
(1) 企業戦略等の大きな方向性を示すこと
(2) 経営陣幹部による適切なリスクテイクを支える環境整備を行うこと
(3) 独立した客観的な立場から、経営陣（執行役及びいわゆる執行役員を含む）・取締役に対する実効性の高い監督を行うことをはじめとする役割・責務を適切に果たすべきである。

こうした役割・責務は、監査役会設置会社（その役割・責務の一部は監査役及び監査役会が担うこととなる）、指名委員会等設置会社、監査等委員会設置会社など、いずれの機関設計を採用する場合にも、等しく適切に果たされるべきである。

（考え方）

上場会社は、通常、会社法が規定する機関設計のうち主要な3種類（監査役会設置会社、指名委員会等設置会社、監査等委員会設置会社）のいずれかを選択することとされている。前者（監査役会設置会社）は、取締役会と監査役・監査役会に統治機能を担わせる我が国独自の制度である。その制度では、監査役は、取締役・経営陣等の職務執行の監査を行うこととされており、法律に基づく調査権

限が付与されている。また、独立性と高度な情報収集能力の双方を確保すべく、監査役（株主総会で選任）の半数以上は社外監査役とし、かつ常勤の監査役を置くこととされている。後者の2つは、取締役会に委員会を設置して一定の役割を担わせることにより監督機能の強化を目指すものであるという点において、諸外国にも類例が見られる制度である。上記の3種類の機関設計のいずれを採用する場合でも、重要なことは、創意工夫を施すことによりそれぞれの機関の機能を実質的かつ十分に発揮させることである。

また、本コードを策定する大きな目的の一つは、上場会社による透明・公正かつ迅速・果断な意思決定を促すことにあるが、上場会社の意思決定のうちには、外部環境の変化その他の事情により、結果として会社に損害を生じさせることとなるものが無いとは言い切れない。その場合、経営陣・取締役が損害賠償責任を負うか否かの判断に際しては、一般的に、その意思決定の時点における意思決定過程の合理性が重要な考慮要素の一つとなるものと考えられるが、本コードには、ここでいう意思決定過程の合理性を担保することに寄与すると考えられる内容が含まれており、本コードは、上場会社の透明・公正かつ迅速・果断な意思決定を促す効果を持つこととなるものと期待している。

そして、支配株主は、会社及び株主共同の利益を尊重し、少数株主を不公正に取り扱ってはならないのであって、支配株主を有する上場会社には、少数株主の利益を保護するためのガバナンス体制の整備が求められる。

【株主との対話】

5. 上場会社は、その持続的な成長と中長期的な企業価値の向上に資するため、株主総会の場以外においても、株主との間で建設的な対話を行うべきである。

経営陣幹部・取締役（社外取締役を含む）は、こうした対話を通じて株主の声に耳を傾け、その関心・懸念に正当な関心を払うとともに、自らの経営方針を株主に分かりやすい形で明確に説明しその理解を得る努力を行い、株主を含むステークホルダーの立場に関するバランスのとれた理解と、そうした理解を踏まえた適切な対応に努めるべきである。

（考え方）

「『責任ある機関投資家』の諸原則《日本版スチュワードシップ・コード》」の策定を受け、機関投資家には、投資先企業やその事業環境等に関する深い理解に基づく建設的な「目的を持った対話」（エンゲージメント）を行うことが求められている。

上場会社にとっても、株主と平素から対話を行い、具体的な経営戦略や経営計画などに対する理解を得るとともに懸念があれば適切に対応を講じることは、経営の正統性の基盤を強化し、持続的な成長に向けた取組みに邁進する上で極めて有益である。また、一般に、上場会社の経営陣・取締役は、従業員・取引先・金融機関とは日常的に接触し、その意見に触れる機会には恵まれているが、これらはいずれも賃金債権、貸付債権等の債権者であり、株主と接する機会は限られている。経営陣幹部・取締役が、株主との対話を通じてその声に耳を傾けることは、資本提供者の目線からの経営分析や意見を吸収し、持続的な成長に向けた健全な企業家精神を喚起する機会を得る、ということも意味する。

付録 3

「責任ある機関投資家」の諸原則

日本版スチュワードシップ・コード

～投資と対話を通じて企業の持続的成長を促すために～

スチュワードシップ・コードに関する有識者検討会（令和元年度）

2020年3月24日

［2014年2月26日策定
2017年5月29日改訂］

本コードの原則

投資先企業の持続的成長を促し、顧客・受益者の中長期的な投資リターンの拡大を図るために、

1. 機関投資家は、スチュワードシップ責任を果たすための明確な方針を策定し、これを公表すべきである。
2. 機関投資家は、スチュワードシップ責任を果たす上で管理すべき利益相反について、明確な方針を策定し、これを公表すべきである。
3. 機関投資家は、投資先企業の持続的成長に向けてスチュワードシップ責任を適切に果たすため、当該企業の状況を的確に把握すべきである。
4. 機関投資家は、投資先企業との建設的な「目的を持った対話」を通じて、投資先企業と認識の共有を図るとともに、問題の改善に努めるべきである。
5. 機関投資家は、議決権の行使と行使結果の公表について明確な方針を持つとともに、議決権行使の方針については、単に形式的な判断基準にとどまるのではなく、投資先企業の持続的成長に資するものとなるよう工夫すべきである。
6. 機関投資家は、議決権の行使も含め、スチュワードシップ責任をどのように果たしているのかについて、原則として、顧客・受益者に対して定期的に報告を行うべきである。
7. 機関投資家は、投資先企業の持続的成長に資するよう、投資先企業やその事業環境等に関する深い理解のほか運用戦略に応じたサステナビリティの考慮に基づき、当該企業との対話やスチュワードシップ活動に伴う判断を適切に行うための実力を備えるべきである。
8. 機関投資家向けサービス提供者は、機関投資家がスチュワードシップ責任を果たすに当たり、適切にサービスを提供し、インベストメント・チェーン全体の機能向上に資するものとなるよう努めるべきである。

原則1　機関投資家は、スチュワードシップ責任を果たすための明確な方針を策定し、これを公表すべきである。

指針

1-1. 機関投資家は、投資先企業やその事業環境等に関する深い理解のほか運用戦略に応じたサステナビリティ（ESG要素を含む中長期的な持続可能性）の考慮に基づく建設的な「目的を持った対話」（エンゲージメント）などを通じて、当該企業の企業価値の向上やその持続的成長を促すことにより、顧客・受益者の中長期的な投資リターンの拡大を図るべきである。

1-2. 機関投資家は、こうした認識の下、スチュワードシップ責任を果たすための方針、すなわち、スチュワードシップ責任をどのように考え、その考えに則って当該責任をどのように果たしていくのか、また、顧客・受益者から投資先企業へと向かう投資資金の流れ（インベストメント・チェーン）の中での自らの置かれた位置を踏まえ、どのような役割を果たすのかについての明確な方針を策定し、これを公表すべきである。その際、運用戦略に応じて、サステナビリティに関する課題をどのように考慮するかについて、検討を行った上で当該方針において明確に示すべきである。

1-3. アセットオーナーは、最終受益者の視点を意識しつつ、その利益の確保のため、自らの規模や能力等に応じ、運用機関による実効的なスチュワードシップ活動が行われるよう、運用機関に促すべきである。アセットオーナーが直接、議決権行使を伴う資金の運用を行う場合には、自らの規模や能力等に応じ、自ら投資先企業との対話等のスチュワードシップ活動に取り組むべきである。

1-4. アセットオーナーは、自らの規模や能力等に応じ、運用機関による実効的なスチュワードシップ活動が行われるよう、運用機

関の選定や運用委託契約の締結に際して、議決権行使を含め、スチュワードシップ活動に関して求める事項や原則を運用機関に対して明確に示すべきである。特に大規模なアセットオーナーにおいては、インベストメント・チェーンの中での自らの置かれている位置・役割を踏まえ、運用機関の方針を検証なく単に採択するのではなく、スチュワードシップ責任を果たす観点から、自ら主体的に検討を行った上で、運用機関に対して議決権行使を含むスチュワードシップ活動に関して求める事項や原則を明確に示すべきである。

1-5. アセットオーナーは、自らの規模や能力等に応じ、運用機関のスチュワードシップ活動が自らの方針と整合的なものとなっているかについて、運用機関の自己評価なども活用しながら、実効的に運用機関に対するモニタリングを行うべきである。このモニタリングに際しては、運用機関と投資先企業との間の対話等のスチュワードシップ活動の「質」に重点を置くべきであり、運用機関と投資先企業との面談回数・面談時間や議決権行使の賛否の比率等の形式的な確認に終始すべきではない。

原則２　機関投資家は、スチュワードシップ責任を果たす上で管理すべき利益相反について、明確な方針を策定し、これを公表すべきである。

指針

2-1. 機関投資家は顧客・受益者の利益を第一として行動すべきである。一方で、スチュワードシップ活動を行うに当たっては、自らが所属する企業グループと顧客・受益者の双方に影響を及ぼす事項について議決権を行使する場合など、利益相反の発生が避けられない場合がある。機関投資家は、こうした利益相

反を適切に管理することが重要である。

2-2. 機関投資家は、こうした認識の下、あらかじめ想定し得る利益相反の主な類型について、これをどのように実効的に管理するのかについての明確な方針を策定し、これを公表すべきである。特に、運用機関は、議決権行使や対話に重要な影響を及ぼす利益相反が生じ得る局面を具体的に特定し、それぞれの利益相反を回避し、その影響を実効的に排除するなど、顧客・受益者の利益を確保するための措置について具体的な方針を策定し、これを公表すべきである。

2-3. 運用機関は、顧客・受益者の利益の確保や利益相反防止のため、例えば、独立した取締役会や、議決権行使の意思決定や監督のための第三者委員会などのガバナンス体制を整備し、これを公表すべきである。

2-4. 運用機関の経営陣は、自らが運用機関のガバナンス強化・利益相反管理に関して重要な役割・責務を担っていることを認識し、これらに関する課題に対する取組みを推進すべきである。

原則3　機関投資家は、投資先企業の持続的成長に向けてスチュワードシップ責任を適切に果たすため、当該企業の状況を的確に把握すべきである。

指針

3-1. 機関投資家は、中長期的視点から投資先企業の企業価値及び資本効率を高め、その持続的成長に向けてスチュワードシップ責任を適切に果たすため、当該企業の状況を的確に把握することが重要である。

3-2. 機関投資家は、こうした投資先企業の状況の把握を継続的に行うべきであり、また、実効的な把握ができているかについて適

切に確認すべきである。

3-3. 把握する内容としては、例えば、投資先企業のガバナンス、企業戦略、業績、資本構造、事業におけるリスク・収益機会（社会・環境問題に関連するものを含む）及びそうしたリスク・収益機会への対応など、非財務面の事項を含む様々な事項が想定されるが、特にどのような事項に着目するかについては、機関投資家ごとに運用戦略には違いがあり、また、投資先企業ごとに把握すべき事項の重要性も異なることから、機関投資家は、自らのスチュワードシップ責任に照らし、自ら判断を行うべきである。その際、投資先企業の企業価値を毀損するおそれのある事項については、これを早期に把握することができるよう努めるべきである。

原則4　機関投資家は、投資先企業との建設的な「目的を持った対話」を通じて、投資先企業と認識の共有を図るとともに、問題の改善に努めるべきである。

指針

4-1. 機関投資家は、中長期的視点から投資先企業の企業価値及び資本効率を高め、その持続的成長を促すことを目的とした対話を、投資先企業との間で建設的に行うことを通じて、当該企業と認識の共有を図るよう努めるべきである。なお、投資先企業の状況や当該企業との対話の内容等を踏まえ、当該企業の企業価値が毀損されるおそれがあると考えられる場合には、より十分な説明を求めるなど、投資先企業と更なる認識の共有を図るとともに、問題の改善に努めるべきである。

4-2. 機関投資家は、サステナビリティを巡る課題に関する対話に当たっては、運用戦略と整合的で、中長期的な企業価値の向上や

企業の持続的成長に結び付くものとなるよう意識すべきである。

4-3. パッシブ運用は、投資先企業の株式を売却する選択肢が限られ、中長期的な企業価値の向上を促す必要性が高いことから、機関投資家は、パッシブ運用を行うに当たって、より積極的に中長期的視点に立った対話や議決権行使に取り組むべきである。

4-4. 以上を踏まえ、機関投資家は、実際に起こり得る様々な局面に応じ、投資先企業との間でどのように対話を行うのかなどについて、あらかじめ明確な方針を持つべきである。

4-5. 機関投資家が投資先企業との間で対話を行うに当たっては、単独でこうした対話を行うほか、必要に応じ、他の機関投資家と協働して対話を行うこと（協働エンゲージメント）が有益な場合もあり得る。

4-6. 一般に、機関投資家は、未公表の重要事実を受領することなく、公表された情報をもとに、投資先企業との建設的な「目的を持った対話」を行うことが可能である。また、「G20/OECDコーポレート・ガバナンス原則」や、これを踏まえて策定された東京証券取引所の「コーポレート・ガバナンス・コード」は、企業の未公表の重要事実の取扱いについて、株主間の平等を図ることを基本としている。投資先企業と対話を行う機関投資家は、企業がこうした基本原則の下に置かれていることを踏まえ、当該対話において未公表の重要事実を受領することについては、基本的には慎重に考えるべきである。

原則5　機関投資家は、議決権の行使と行使結果の公表について明確な方針を持つとともに、議決権行使の方針については、単に形式的な判断基準にとどまるのではなく、投資先企業

の持続的成長に資するものとなるよう工夫すべきである。

指針

5-1. 機関投資家は、すべての保有株式について議決権を行使するよう努めるべきであり、議決権の行使に当たっては、投資先企業の状況や当該企業との対話の内容等を踏まえた上で、議案に対する賛否を判断すべきである。

5-2. 機関投資家は、議決権の行使についての明確な方針を策定し、これを公表すべきである。当該方針は、できる限り明確なものとすべきであるが、単に形式的な判断基準にとどまるのではなく、投資先企業の持続的成長に資するものとなるよう工夫すべきである。

5-3. 機関投資家は、議決権の行使結果を、少なくとも議案の主な種類ごとに整理・集計して公表すべきである。また、機関投資家がスチュワードシップ責任を果たすための方針に沿って適切に議決権を行使しているか否かについての可視性をさらに高める観点から、機関投資家は、議決権の行使結果を、個別の投資先企業及び議案ごとに公表すべきである。それぞれの機関投資家の置かれた状況により、個別の投資先企業及び議案ごとに議決権の行使結果を公表することが必ずしも適切でないと考えられる場合には、その理由を積極的に説明すべきである。議決権の行使結果を公表する際、機関投資家が議決権行使の賛否の理由について対外的に明確に説明することも、可視性を高めることに資すると考えられる。特に、外観的に利益相反が疑われる議案や議決権行使の方針に照らして説明を要する判断を行った議案等、投資先企業との建設的な対話に資する観点から重要と判断される議案については、賛否を問わず、その理由を公表すべきである。

5-4. 機関投資家は、議決権行使助言会社のサービスを利用する場合

であっても、議決権行使助言会社の人的・組織的体制の整備を含む助言策定プロセスを踏まえて利用することが重要であり、議決権行使助言会社の助言に機械的に依拠するのではなく、投資先企業の状況や当該企業との対話の内容等を踏まえ、自らの責任と判断の下で議決権を行使すべきである。仮に、議決権行使助言会社のサービスを利用している場合には、議決権行使結果の公表に合わせ、当該議決権行使助言会社の名称及び当該サービスの具体的な活用方法についても公表すべきである。

原則6　機関投資家は、議決権の行使も含め、スチュワードシップ責任をどのように果たしているのかについて、原則として、顧客・受益者に対して定期的に報告を行うべきである。

指針

6-1. 運用機関は、直接の顧客に対して、スチュワードシップ活動を通じてスチュワードシップ責任をどのように果たしているかについて、原則として、定期的に報告を行うべきである。

6-2. アセットオーナーは、受益者に対して、スチュワードシップ責任を果たすための方針と、当該方針の実施状況について、原則として、少なくとも年に1度、報告を行うべきである。

6-3. 機関投資家は、顧客・受益者への報告の具体的な様式や内容については、顧客・受益者との合意や、顧客・受益者の利便性・コストなども考慮して決めるべきであり、効果的かつ効率的な報告を行うよう工夫すべきである。

6-4. なお、機関投資家は、議決権の行使活動を含むスチュワードシップ活動について、スチュワードシップ責任を果たすために必要な範囲において記録に残すべきである。

原則7　機関投資家は、投資先企業の持続的成長に資するよう、投資先企業やその事業環境等に関する深い理解のほか運用戦略に応じたサステナビリティの考慮に基づき、当該企業との対話やスチュワードシップ活動に伴う判断を適切に行うための実力を備えるべきである。

指針

7-1. 機関投資家は、投資先企業との対話を建設的なものとし、かつ、当該企業の持続的成長に資する有益なものとしていく観点から、投資先企業やその事業環境等に関する深い理解のほか運用戦略に応じたサステナビリティの考慮に基づき、当該企業との対話やスチュワードシップ活動に伴う判断を適切に行うための実力を備えていることが重要である。このため、機関投資家は、こうした対話や判断を適切に行うために必要な体制の整備を行うべきである。

7-2. 特に、機関投資家の経営陣はスチュワードシップ責任を実効的に果たすための適切な能力・経験を備えているべきであり、系列の金融グループ内部の論理などに基づいて構成されるべきではない。また、機関投資家の経営陣は、自らが対話の充実等のスチュワードシップ活動の実行とそのための組織構築・人材育成に関して重要な役割・責務を担っていることを認識し、これらに関する課題に対する取組みを推進すべきである。

7-3. 対話や判断を適切に行うための一助として、必要に応じ、機関投資家が、他の投資家との意見交換を行うことやそのための場を設けることも有益であると考えられる。

7-4. 機関投資家は、本コードの各原則（指針を含む）の実施状況を適宜の時期に省みることにより、本コードが策定を求めている各方針の改善につなげるなど、将来のスチュワードシップ活動がより適切なものとなるよう努めるべきである。特に、運用機

関は、持続的な自らのガバナンス体制・利益相反管理や、自らのスチュワードシップ活動等の改善に向けて、本コードの各原則（指針を含む）の実施状況を定期的に自己評価し、自己評価の結果を投資先企業との対話を含むスチュワードシップ活動の結果と合わせて公表すべきである。その際、これらは自らの運用戦略と整合的で、中長期的な企業価値の向上や企業の持続的成長に結び付くものとなるよう意識すべきである。

原則8　機関投資家向けサービス提供者は、機関投資家がスチュワードシップ責任を果たすに当たり、適切にサービスを提供し、インベストメント・チェーン全体の機能向上に資するものとなるよう努めるべきである。

指針

8-1. 議決権行使助言会社・年金運用コンサルタントを含む機関投資家向けサービス提供者は、利益相反が生じ得る局面を具体的に特定し、これをどのように実効的に管理するのかについての明確な方針を策定して、利益相反管理体制を整備するとともに、これらの取組みを公表すべきである。

8-2. 議決権行使助言会社は、運用機関に対し、個々の企業に関する正確な情報に基づく助言を行うため、日本に拠点を設置することを含め十分かつ適切な人的・組織的体制を整備すべきであり、透明性を図るため、それを含む助言策定プロセスを具体的に公表すべきである。

8-3. 議決権行使助言会社は、企業の開示情報に基づくほか、必要に応じ、自ら企業と積極的に意見交換しつつ、助言を行うべきである。助言の対象となる企業から求められた場合に、当該企業に対して、前提となる情報に齟齬がないか等を確認する機会を

与え、当該企業から出された意見も合わせて顧客に提供することも、助言の前提となる情報の正確性や透明性の確保に資すると考えられる。

著者

三好 秀和（みよし ひでかず）

京都大学博士（経済学）、早稲田大学大学院ファイナンス研究科にてファイナンス修士（MBA）、慶應義塾大学経済学部卒業。

第一生命保険相互会社、興銀第一ライフアセットマネジメント（現アセットマネジメントOne）、日経QUICK情報（現日経メディアマーケティング）㈱を経て2007年立命館大学大学院経営管理研究科教授、2017年5月一般社団法人高度人材養成機構理事長、2020年4月国立大学法人香川大学大学院地域マネジメント研究科教授就任。日本FP学会理事、日本おもてなし学会理事、日本商工会議所・金融財政研究会DCプランナー試験委員会企画委員、日本証券アナリスト協会PB試験委員会試験委員、香川ビジネスパブリックコンペ指導教員・審査委員。

（主な著書）

『新版 ファンドマネジメント大全』（編著、同友館、2022.3）

『資産運用・管理の基礎知識』（共編著、日本証券アナリスト協会、2020.6）

『金融キャリアの教科書』（経済法令社、2017.6）

『3年で退職しないための就活読本』（共著、同友館、2017.2）

『高齢社会の医療介護と地方創生』（共著、同友館、2017.1）

『ファンドマネジメント大全』（編著、同友館、2013.12）

『実学としてのパーソナルファイナンス』（共著、中央経済社、2013.3）

『日本の投資運用業の生成、発展と課題』（同友館、2012.1）

『富裕層顧客の特性とアプローチ法』（共著、同友館、2011.9）

『ファンドマネジメントの新しい展開』（編著、東京書籍、2009.4）

『ファンドマネジメントのすべて』（編著、東京書籍、2007.12）

『証券市場の電子化のすべて』（編著、東京書籍、2000.12）

2023年 2 月28日　第 1 刷発行

ストーリーで学ぶCFO講座
～社内アントレプレナー香山潤三の反撃～

©著　者　三 好 秀 和

発行者　脇 坂 康 弘
発行所　株式会社 同友館
〒113-0033 東京都文京区本郷 3-38-1
TEL.03(3813)3966
FAX.03(3818)2774
https://www.doyukan.co.jp/

落丁・乱丁本はお取り替えいたします。　西崎印刷／萩原印刷／松村製本所
ISBN 978-4-496-05640-6　Printed in Japan